Gerhard Jan Rötting

Als ein Engel das todkranke Mädchen besuchte

mediaKern

Bibliografische Information der Deutschen Nationalbibliothek
Die Deutsche Nationalbibliothek verzeichnet diese Publikation in der Deutschen Nationalbibliografie; detaillierte bibliografische Daten sind im Internet über http://dnb.d-nb.de abrufbar.

ISBN 978-3-8429-2004-0

Bestell-Nr. 512 2004

Akualisierte Neuausgabe; die erste Ausgabe erschien 2009 im Verlag der St.-Johannis-Druckerei C. Schweickhardt GmbH, Lahr/Schwarzwald, unter dem Titel »Als ein Engel zu Besuch kam. Berichte und Erzählungen aus der Mission«.
Umschlaggestaltung: Frank Decker
Layout: Ch. Karádi
Herstellung: Drukarnia Dimograf, Bielsko-Biała, Polen
Printed in the EU 2011

www.media-kern.de

Inhalt

Ein Wort zuvor

Komme ich von einer Reise nach Hause zurück, gibt es viel zu erzählen: Es stehen mir dann die hungernden rumänischen Kinder vor Augen. Als ich sie in den ärmlichen Wohnhütten besuchte, versuchte ich, ihren Hunger zu stillen und ihre Lebensumstände zu ändern.

Oder ich komme von den atomverstrahlten Tschernobyl-Kindern in der Ukraine zurück, denen ich Medikamente brachte, um ihr schmerzvolles Elend zu lindern. Was sind das für Augenblicke, wenn ich die Verkrüppelten für kurze Momente im Arm halte, um sie zu segnen.

Manchmal schrecke ich nachts aus dem Schlaf hoch, wenn ich vom Unterricht in einem Waldversteck in China träume, wo ich die verfolgten Untergrund-Christen im Verborgenen unterrichtete. Wird der chinesische Sicherheitsdienst uns irgendwann oder schon bald erwischen, verhaften und verurteilen?

Kann ich je die jungen Leute aus Albanien oder aus dem Kosovo vergessen? Sie begegneten zwischen den Marktständen rein zufällig einigen jungen Christen: Sie erzählten ihnen von Jesus Christus, dem Heiland der Welt. Diese jungen Muslime bekommen inmitten des Marktumtriebs unerwartet entscheidende Antworten auf ihre Lebensfragen. Denn Christen leben nicht als Fragezeichen: Sie sind Ausrufezeichen. Sie haben Antworten. Daraufhin besuchen die Muslime die christlichen Versammlungen. Solche Besuche werden zu Erlebnissen, wie sie diese zuvor nie hatten. Einige von ihnen wollen Christen werden. Sie erhalten wochenlang biblischen Unterricht. Und bei meinem nächsten Besuch im Kosovo oder in Albanien taufte ich die jungen Erwachsenen im Fluss – jeweils zwanzig, dreißig oder fünfzig.

Welch schweren Stand diese jungen Leute nun in ihren Familien haben, nachdem sie sich für Jesus Christus entschieden haben! Sie werden aus dem Elternhaus geworfen: »Wir wollen nicht mit dir, einem Verräter des muslimischen Glaubens, unter einem Dach leben«, bekommen sie zu hören. Als junge Christen werden sie brutal verfolgt und erhalten Morddrohungen – auch aus ihren eigenen Familien.

Das alles steht mir lebendig vor Augen, wenn ich wieder daheim bin!

Alle Erzählungen sind ein »Zeugnis« davon, dass Gott auch heute Menschen beruft – und in seinen Dienst stellt. Dadurch entsteht bei ihnen etwas völlig Neues. Sie erleben eine Schicksalswende, die ihrem Leben Sinn und Halt gibt. Und sie geben durch ihr Helfen diese nie zuvor gekannte Freude an andere weiter. Darum erzähle ich diese, ihre oft schweren Geschichten.

Gerhard Jan Rötting

Als ein Engel das todkranke Mädchen besuchte

1

Eine nie dagewesene Explosion erschüttert am 25. April 1986 die Stadt Prypjat in der Nordukraine: Block 4 des atomaren Kernreaktors Tschernobyl fliegt in die Luft und löst eine der schlimmsten Umweltkatastrophen aller Zeiten aus. Auch die Atmosphäre in Europa wird »verstrahlt«.

Die Weltgesundheitsorganisation (WHO) gibt die Zahl der Todesopfer mit etwa 800 000 Personen an. Bis heute sind die Langzeitfolgen der Katastrophe schwer einzuschätzen. Zu den bisher am häufigsten beobachteten gesundheitlichen Folgen gehört ein dramatischer Anstieg von Leukämie und Schilddrüsenkrebs. Vor allem Kinder und Jugendliche in der Ukraine – aber auch in den angrenzenden Staaten – erkranken.

Die Mission »Ost-West« wird dringend um medizinische und materielle Hilfen gebeten. Mehrmals im Jahr reise ich in das »Tschernobyl-Gebiet«, um Hilfe zu organisieren und so die schrecklichen Nöte im Lande zu lindern.

Dazu gehören seit vielen Jahren die Kinderlager in der Ukraine. Unsere einheimischen Mitarbeiter nehmen große Opfer an Zeit, Kraft und Geld auf sich, um betroffene »Tschernobyl-Kinder« für zwei Wochen in weniger verstrahlten Teilen der Ukraine aufzunehmen. Wir versorgen die Verkrüppelten und geschädigten Kinder und Jugendlichen nicht nur mit gutem Essen, mit Spielen und Sport, es wird mit den Kindern gesungen, sie erzählen ihnen von Jesus, dem Heiland der Welt – und auch die medizinische Hilfe kommt während dieser Sommerlager nicht zu kurz.

Mit Hilfe von Freunden der Mission »Ost-West« wird eine Zeltstadt mit 25 großen Schlafzelten und vier Versammlungszelten angeschafft, um diese jährlich für mehr als 200 Kinder einzusetzen, die in dieser Zeit eine neue Perspektive für ihr schmerzvolles Leben erhalten.

Mein Hausarzt stellt bei mir nach wiederholten Aufenthalten in der Ukraine zwar eine erhöhte Strahlensubstanz fest, was mich aber nicht daran hindert, gern bei jenen Menschen zu sein, deren Leben durch die gefährlichen, unsichtbaren Strahlen Tag um Tag zur Qual werden.

Wie dankbar sind die Eltern der betroffenen Kinder, wenn sie ihre Sprösslinge – die doch diese täglichen Qualen im Leben nicht »verdient« haben – in dieses Sommerlager bringen. Für viele Mütter bedeutet diese 14-tägige Lagerzeit für sie daheim auch eine erholsame Zeit. Denn die Mütter quälen sich oft mit den Missgeburten, mit den krebskranken Lieblingen und den bettlägerigen Kindern, die nicht fähig sind, die Schule zu besuchen. Und welche Wunder geschehen dann in dieser Lagerzeit. Ich habe erlebt, wie lahme Kinder wieder gehen konnten. Wenn unsere Mitarbeiter den Kindern im Lager ihre Herzenswärme schenken und ihnen in Jesu Namen die Hände auflegen, geschieht Außergewöhnliches. Wo die göttliche Liebe praktiziert wird, kann der himmlische Vater innere Heilung schenken – und manchmal auch äußere Heilung wirken.

Eines Tages lerne ich ein betroffenes Ehepaar kennen, das ein Wunder erlebte. Die Mutter erzählte mir, was in ihrem Hause passierte, als ein Engel das todkranke Mädchen besuchte.

Als unsere Tochter in die vierte Volksschulklasse versetzt werden soll, gibt es eine medizinische Untersuchung. Ich bin natürlich davon ausgegangen, dass Angelika kerngesund ist. Die beiden Ärzte rufen mich aber in ihr Besprechungszimmer und machen ein sehr nachdenkliches Gesicht. »Ist mit meiner Tochter etwas nicht in Ordnung?«, frage ich ahnungslos. Es ist eine schreckliche Diagnose, die mir die Ärzte schonend unterbreiten: Leukämie. An dieser Krankheit leiden in der Ukraine – nach dem Atomreaktor-Unfall in Tschernobyl – unzählige Menschen. Besonders Kinder.

»Angelika hat nur eine geringe Überlebenschance. Auch mit starken Medikamenten und ärztlichen Therapien sehen wir für Ihre Tochter kaum einen Hoffnungsschimmer. Wir geben ihr höchstens acht bis zehn Monate Lebenszeit. Kennen Sie jemanden im Westen, der mit teuren Medikamenten helfen kann? Oder mit einer Knochenmarkspende?« Ich schüttele schweigend den Kopf. Die Ärzte verabschieden mich an der Praxistür: »Wenn Sie den Schock verkraftet haben, kommen Sie bitte in den nächsten Tagen zur Beratung!« Mit Angelika an der Hand gehe ich heim – jeder Schritt ist ein Sorgenschritt.

Mein Mann und ich lassen uns ärztlich beraten und erfahren: »Für Angelika ist es am besten, sie wird ins Kinderkrankenhaus eingewiesen und bleibt dort, solange es erforderlich ist.«

Monatelang besuchen wir sie auf der Leukämiestation. Ihr Zustand aber verbessert sich keineswegs. Ihre Blutwerte zeigen deutlich in die Richtung: Es geht dem Ende zu. Wir überlegen mit den Ärzten, ob es Sinn macht, unsere Tochter nach Hause zu holen. Sie willigen ein.

Auch in den Nächten schauen wir immer wieder nach ihr. Manchmal hat sie sich bloß gestrampelt, dann decken wir sie behutsam zu. In dieser Nacht schaue ich wieder nach ihr und will die Tür nur leise und einen Spaltbreit öffnen. Da sehe ich: Angelika hat sich im Bett mit dem Rücken an die Wand gesetzt. »Kind, erkältest du dich so nicht? Ich werde dich zudecken und dann schläfst du.«

»Mutti, ein Engel war soeben hier. Voll Glanz und hellem Leuchten. Und weißt du, was er gemacht hat? Er kam ganz nahe zu mir. Es war herrlich. Der helle Schein des Engels hat mich umhüllt. Völlig. Und dann hat er mich in den Arm genommen. Nein, Mutti, ich habe das nicht geträumt. Wirklich nicht! Glaube mir!«

Ich schüttele das Kopfkissen neu auf und will sie zudecken. Aber Angelika mag sich noch nicht hinlegen: »Und dann hat der Engel gefragt, ob ich noch einen Wunsch habe.«

»Du hattest einen Wunsch frei, Kind? Und was hast du dir gewünscht?« Ich denke natürlich, sie hat um Heilung gebeten. Nein, das hat sie nicht! Ich traue meinen Ohren kaum: »Ich habe gesagt: ›Kann Gott es machen, dass in unsere Gemeinde bald viele junge Leute kommen und auch viele Kinder?‹ Der Engel hat mich noch einmal ganz fest gedrückt und gesagt: ›Ja, Gott kann!‹ Als ich mich bedanken will, ist er schon weg.« Auf dem Kindergesicht liegt ein rötlicher Schimmer – voll Glück.

»Kind, du hast vergessen, an dich zu denken oder hast du es nicht gewagt, um Gesundheit bei Gott zu bitten? Du weißt doch, wie schlimm dein Zustand ist!«

»Mutti, Gott hat mich schon gefunden und ich habe ihm mein Leben gegeben. War das recht?« Ich nicke still und kämpfe mit den Tränen, als ich mich auf die Bettkante setze.

»Aber ich kenne so viele Jungs und Mädchen in der Schule, die todunglücklich sind. Die meisten von ihnen haben sich noch nicht von Gott finden lassen. Und ich weiß, wie einsam die meisten von ihnen sind – und traurig. Und gefährdet. Mutti, durfte ich nicht für sie bitten?«

»Doch ... mein Kind!« Ich muss tief atmen und halte die Hand vor den Mund, um mein Schluchzen zu verbergen. Mit ihren schwachen Kräften rückt Angelika mir immer näher, bis sie ihre dünnen Ärmchen um meinen Hals legen kann: »Mutti, nicht weinen! Der Engel ist jetzt sicher wieder im Himmel bei den anderen Engeln. Ob sie mit ihrem Singen aufgehört haben, damit mein Engel die Bitte dem großen Gott vortragen kann? Mutti, höre doch mal: Es ist ganz, ganz still geworden. Kein Engel singt mehr. Und Gott nimmt jetzt meine Bitte entgegen, auf die er gewartet hat.« Das Kind küsst mich zart und schwach auf die Tränen, legt sich in das weiche Kissen, lässt sich von mir zudecken und schläft die Nacht durch.

Es ist nicht zu fassen: In den darauffolgenden Wochen und Monaten kommen einige junge Erwachsene erstmals in die Gemeinde. Sie lassen sich von Gott finden. Den ganzen Sommer und Herbst hindurch geschieht ein Umbruch: Aus der ›alten‹ ist sichtbar eine ›junge‹ Gemeinde geworden. Die Schar der Kinder ist schier unzählbar. Die Räumlichkeiten sind seit Wochen zu klein für die übergroße Zahl beim Kindergottesdienst. Und junge Erwachsene, die sich bekehrt haben, lassen sich taufen und gehören jetzt zur Gemeinde. Ihre Zahl wächst noch immer.

Gott wendet unser Geschick. Angelika ist auf dem Weg zur völligen Genesung. Welch ein Fest, als wir Eltern sie nach einjährigem Bettaufenthalt zum ersten Mal zum Gottesdienst begleiteten. Ich bin nach vorn gegangen und habe der Gemeinde erstmals erzählt, dass wir daheim Engelbesuch hatten. Und … dass Gott unsere Gebete gern entgegennimmt. Er wartet auf unsere Worte. Er hört sie alle.

»Ich weiß, wer kommt!«

2

Die Christen in China, dem »Reich der Mitte«, haben es wahrlich nicht leicht. Wegen ihres Glaubens an den Herrn Jesus Christus werden sie von den Kommunisten hart bedrängt. Deshalb leben Millionen von Christen ihren Glauben im Verborgenen. Sie sammeln sich in Hauskreisen und sogenannten »Untergrundkirchen«.

Eines Tages erhalte ich von ihnen über Umwege eine Einladung, als Tourist nach China zu kommen, um dort heimlich Evangelisten, Diakone und Pastoren biblischen Unterricht zu erteilen.

Zuerst reise ich bis Hongkong, um nach ein paar Tagen von dort weiter ins Reich der Mitte zu reisen. Wir sind zu dritt. In unserem Gepäck haben wir chinesische Neue Testamente und Bibeln – eine nicht ungefährliche »Ladung«.

In Hongkong treffe ich nicht zuerst Christen, sondern kommunistisch geprägte Studenten. Was tut man, wenn unerwartet 70 Studenten vor einem sitzen? Ich interviewte diese Jung-Kommunisten. Ihre Denkweise war unverkennbar vom Ersten Vorsitzenden, Mao Tse-tung, geprägt. Einer von ihnen sagte mir unverblümt:

»Wir Kommunisten und Maoisten haben es auf unsere Fahne geschworen, für alle Menschen auf

Erden ein Paradies aufzubauen. Das bewerkstelligen wir auf der Grundlage des Kommunistischen Manifestes von 1847, das Karl Marx und Friedrich Engels schrieben und das unser großer Parteivorsitzende Mao Tse-tung uns lehrte. Ziel und Ende werden der ganzen Welt zeigen: Wir kämpfen für den endgültigen Sieg! Wir feiern darum schon heute unsere großen kommunistischen Helden. Sie sind unsere Vorbilder.«

Einen Tag später treffe ich in der Millionenstadt Hongkong Hunderte junger Christen, die ihren zweistündigen Gottesdienst feiern. Zwischen ihnen sein – ihre Gebete hören, die sie liebend und vertrauensvoll in der Gewissheit sagen: Unser Herr Jesus wartet auf unsere Worte, die er dem himmlischen Vater vorlegt. Ihr Singen hört sich wie Engelgesang an. Nie zuvor habe ich solch frohe Klänge in deutschen Gottesdiensten gehört. Gesangbücher kennen sie nicht. Liederhefte gibt es nicht. Aber alle im Saal singen. Ihren Gesang erlebe ich wie aus einem Guss; er entspringt ihrer harmonischen Einmütigkeit, da sie hörend und liebend aufeinander ausgerichtet sind. Hier äußert sich die geballte Liebe zu Gott und zueinander und der Glaube, der Berge versetzt.

Nach dem Gottesdienst sitze ich mit einer christlichen Studentengruppe zusammen und frage nach ihrem Glauben. »Unser Glaube ist einfach«, sagt ein Medizinstudent. »Die Herren dieser kommunistischen Welt werden gehen müssen. Unser auferstandener Herr Jesus aber kommt!«

Diesen Satz merke ich mir; er begleitet mich in den kommenden Wochen, wenn ich durch China reise und sehe, wie Kommunisten ständig zu verhindern suchen, dass Christen mehr und mehr Einfluss gewinnen, ja sie verfolgen diese sogar auf brutalste Weise. Und warum? Weil es in ihrer Ideologie am Ende der Weltgeschichte keinen Heiland geben kann, der erneut in die Welt kommt, um sie zu regieren und zu richten. Das passt nicht ins kommunistische Konzept, das den Sieg der Ideologie der kommunistischen Partei zum Ziel hat.

Zwischen Kommunisten und Christen gibt es darum keine Kompromisse. Wer den wiederkommenden Herrn erwartet und bezeugt, steht im absoluten Widerspruch zu allen Ideologien dieser Welt – auch zu den Kommunisten und Maoisten.

Außerhalb der Großstadt Nanking treffe ich acht junge chinesische Christen. Sie sind dafür bekannt: Ihre Liebe zu Jesus, dem Sohn des lebendigen Gottes, hat ihr Leben verändert. Und darüber berichten sie all überall, denn sie können es nicht lassen, von dem zu erzählen, der ihr Leben rettete und ihrem Leben eine neue Ausrichtung gegeben hat. Im Wald ist es herrlich kühl. Und vor allem: Wir sind hier gewiss ohne staatliche Lauscher. Zuerst beten wir stehend. Dann suchen wir uns dicke Steine, um uns daraufzusetzen. Wir sitzen in brüderlicher Runde, wissen und spüren: Der Herr Jesus Christus ist mitten unter uns.

Der bekannte Evangelist Ching Che erzählt uns von seinen Diensten. Er zieht in China von Ort zu Ort und bleibt immer nur wenige Tage in einer Stadt. Die kommunistischen Geheimdienstler suchen ihn ständig, um ihn zu verhaften. Wenn Ching Che nämlich predigt, dann strömen Menschenmengen zusammen, um ihn zu hören. Und während dieser Evangelisationen treffen viele Ungläubige eine Herzensentscheidung für den Herrn Jesus Christus, weil sie erkennen: Wir sind auf dem falschen Weg. Wir stecken persönlich in Schuld und Sünden. Kein Kommunismus, keine Ideologie holt uns da raus. Aber Jesus Christus ...! Er kann! Er vergibt. Er heilt innere Verletzungen. Er ist der Weg zum himmlischen Vater. Und Gott ist jedem gnädig, der sich von ihm finden lässt. Jeder, der sich vom bisherigen Leben der Laster und Sünde abkehrt, kann sich taufen lassen. Viele Menschen wollen dieses neue Leben. Das ist den Behörden ein Dorn im Auge. Sie wollen nicht, dass ihre Volksgenossen Jesus kennenlernen und Christen werden. Sie hindern darum die Menschen, Jesus als Person kennenzulernen. Denn schließlich soll ihre marxistische Ideologie die Menschen glücklich machen – nicht eine Person!

Eines Tages wird Ching Che gefangen genommen. Bevor der Gerichtsprozess wegen Volksverhetzung beginnt, binden sie ihn auf einen Karren, der durch die ganze Stadt gezogen wird.

»Die Leute sollen sehen, wie es euch Christen ergeht, wenn ihr Jesus Christus liebt.«

Die fanatischen Kommunisten hängen Ching Che je ein großes Schild auf Brust und Rücken.

Darauf steht in deutlichen Schriftzeichen zu lesen: »Das ist ein unbelehrbarer Christ!« – »Das hier ist ein Idiot, der an Gott glaubt!«

Ching Che schaut in unsere Runde und erklärt lächelnd: »Das sollte eine Demonstration werden, um mich und alle Christen zu demütigen.«

»Wie hast du dich auf der Karre gefühlt?«, frage ich ihn.

»Oh, erst kam ich mir komisch vor. Als aber der Karren in Bewegung kam, spürte ich: Unser Herr Jesus steht neben mir auf dem Karren. Natürlich, die Leute blieben stehen und gafften mich an. Einige riefen mir ermutigende Worte zu wie: ›Ching Che, Friede sei mit dir!‹ Einer rief aus der Menge: ›Ching Che, stehe im Glauben, sei mannhaft und sei stark!‹

Es durchfuhr mich ein starkes Glücksgefühl. Diese Karrenfahrt durch die Stadt sollte eine Demütigungstour werden. Klar, einige verhöhnten mich, lachten und pfiffen mich aus. Mein Glück war, diese Erfahrung zu machen: Der Herr Jesus hat in dieser Stadt viele Nachfolger und Diener. Erst sagte ich es leise vor mich hin: ›Ich weiß … ja, ich weiß, dass mein Erlöser lebt!‹

Diesen kleinen Satz haben einige Zuschauer am Straßenrand gehört. Sie spendeten mir Beifall. In mir schmolz das Gefühl der Demütigung, die die Kommunisten mir antaten. Ihnen gefiel dieser Umzug immer weniger. Das merkte ich an ihren Gesichtern. Ihre Worte, die sie sich einander ins Ohr sagen, verstehe ich darum nicht, weil das Klatschen der Zuschauer derart zunimmt, dass ich mit stets lauterer Stimme meinen Glaubenssatz den Leuten zurufe: ›Ich weiß … dass mein Erlöser lebt … und er kommt!‹ Schließlich rufe ich es nach links und rechts den zuschauenden Leuten zu: ›Jesus kommt! Jesus kommt!‹ Manche Zuschauer wiederholen diesen kurzen Satz: ›Jesus kommt! Jesus kommt!‹ Bevor der Karren, auf dem ich festgebunden stehe, an den Menschen vorbeizieht, ist schon ihr Rufen zu vernehmen: ›Jesus lebt! Jesus kommt!‹

Ja, Herr Jesus, du hast viele Nachfolger und Diener in dieser Stadt. Danke, dass ich zu ihnen gebracht werde und auch den Ungläubigen, die am Straßenrand stehen – und sogar meinen Peinigern –, bezeugen kann: Du lebst. Und du kommst.

Was in den nächsten Stunden das Gericht beschließen wird, ob Prügel am Marterpfahl oder ob sie mich jahrelang ins Gefängnis stecken oder zu lebenslanger Lagerarbeit verurteilen: Ich fürchte mich nicht. ›Ching Che, sei ohne Angst und Sorge! Ich bin bei dir!‹ Diese Stimme kenne ich. So redet mein geliebter Herr Jesus.

Mehr und mehr Menschen säumen die Straßenseiten. Ihr Rufen wird immer mutiger. Zweimal werfen Menschen kleine Blumensträuße in den Karren, aber ich kann sie nicht aufheben, denn ich bin ja gefesselt.

Für meine Rundfahrt sind zwei Stunden vorgesehen. Knapp eine Stunde haben die Kommunisten mich durch die Stadt gekarrt. Nun haben sie es wahrscheinlich satt, mich, den Evangelisten, noch weiter durch die Straßen zu ziehen und bei den Menschen bekannt zu machen, die nicht nur mir zuwinken, sondern es weitersagen: Jesus lebt! Jesus kommt! Die Kommunisten brechen die Karrentour ab und bringen mich zum Polizeikommissar. Er hat schon erfahren, was sich unterwegs zugetragen hat. Was tut er? Er wird erst einmal richtig wütend und schreit mich an: ›Du bist unverbesserlich! Hau ab! Mach, dass du wegkommst. Halte künftig deinen Mund. Verschwinde!‹

Seitdem bin ich frei und verkündige: ›Jesus lebt! Und er kommt!‹«

Als die Nieren plötzlich aussetzten

3

In manchen Monaten bin ich mehr unterwegs als zu Hause, weil ich in verschiedene Missionsländer gerufen werde. Doch ständig »auf Achse« sein, das hält der Körper auf Dauer nicht aus. Also streikt er gelegentlich und zeigt mir, wie sehr das Maßhalten mit den Körperkräften vonnöten ist.

Es ist faszinierend und nicht selten atemberaubend, mit dem Schiff oder auch mit dem Flugzeug schnell in die Missionsländer zu reisen. Lange Wanderwege zurücklegen und ausgedehnte Autostrecken durch unbeschreiblich herrliche Landschaften fahren – alles wunderbar und schön! Doch ein entkräfteter Körper hält das auf Dauer nicht durch.

Und dann noch die Unregelmäßigkeiten beim Essen: Meine lieben Gastgeber meinen es so gut mit mir. Die Tische der oft armen Leute werden reichlich gedeckt – auch wenn die Speisen nicht selten bei den Nachbarn ausgeliehen werden müssen. Der Missionsgast wird verwöhnt. Esse ich nur wenig, dann ist die Ehre der Hausfrauen verletzt. Oder es wird gefragt: »Sie essen doch sonst auch mehr – schmeckt es Ihnen nicht bei uns?«

Die Speisen an östlichen Tischen triefen von Öl und Fett, wenn ein Gast aus dem Westen erwartet wird – auch wenn er ein Mann der Mission ist. Klar *ist: »Das Beste, was meine Küche zu bieten hat, kommt auf den Tisch«, sagte mir eine Hausfrau aus dem Kaukasus. Und mein Körper? Er meldet sich. Kein Wunder: Eines Tages streiken die Nieren.*

Die Tagung hat begonnen, aber Schmerzen quälen, die sich von Augenblick zu Augenblick ins Unerträgliche steigern. Ich fasse mich oberhalb des Beckens am Rücken, rutsche auf dem Stuhl hin und her. Jede Bewegung spürt mein Rücken. Werde ich die Tagung überhaupt halten und mitgestalten können? Sind das die Nieren, die mir arg zu schaffen machen? Die Schmerzen weiten sich wellenähnlich über den Körper aus. Ich beginne zu zittern. Die Tagungsteilnehmer merken, dass ich schweigsam geworden bin. Wie kann es auch anders sein, denn ich beiße die Zähne in die Unterlippe. Grausam – jede Bewegung wird zur Qual.

Der Notarzt wird geholt. Er bestätigt meine Vermutung: »Die Nieren setzen aus. Sie gehören sofort ins Krankenhaus! Da geht kein Weg dran vorbei.« Er schreibt die Überweisung. Das Tagungsprogramm wird geändert, da ich als Redner ausfalle. Die Tagungsleitung informiert die Teilnehmer, in welcher gesundheitlichen Lage ich mich befinde.

Unter den Teilnehmern sind katholische Schwestern, die mit der Oberin Irmengard zur Tagung der Jesus-Bruderschaft nach Gnadenthal gekommen sind. Die Oberin und ihre drei Schwestern gehören zu einer Ordensgemeinschaft, die in Belgien eine Fachklinik für Urologie leitet. Sie bieten sich an, mich sofort dorthin zu fahren. »Es arbeitet eine ausgezeichnete Urologen-Mannschaft in unserer Klinik«, versichert Oberin Irmengard.

Die Schmerzen steigern sich ins Unerträgliche. Und wenn man solche Schmerzen hat, dann kommt der Punkt, wo einem alles egal ist. Das Für und Wider meines Transportes nach Belgien wird hin und her bewegt, aber mein Schmerzpegel ist derart hoch, dass es mir egal ist, was die Herumstehenden diskutieren und worauf sie sich schließlich einigen. Ich liege auf einem Sofa im Besucherzimmer des Tagungshauses und bin unfähig, für mich selbst eine

Entscheidung zu treffen. Belgien? Ich denke im Moment nur an die lange Fahrt dorthin.

Als die leitenden Brüder und Schwestern der Jesus-Bruderschaft sich darüber einig sind, dass ich, ihr Leiter, doch am besten in Belgien aufgehoben bin, schaut der Notarzt mich bedächtig an, zieht eine Spritze auf, nimmt mein Handköfferchen und begleitet mich zum Auto der belgischen Ordensoberin. Die Spritze wirkt. Der Beifahrersitz wird weit nach hinten geschoben und die Rückenlehne schräg gestellt. Ich steige ein. Bekannte Gesichter schauen mich besorgt an, sagen mir Mut machende Worte. Als ich die Augen öffne, sehe ich das Auto umringt von Freunden und Tagungsteilnehmern, die beten. Eine Decke wird über mich gelegt, die nur meinen Kopf freilässt. Ja, ich bin umgeben von einer wohltuenden Wärme der Wolldecke, mehr aber noch von den guten Gebeten, die mich stärken.

Die Fahrweise der belgischen Oberin ist beachtlich gut. Wir tauschen nur wenige Sätze miteinander aus, die sich nur um mein Wohlbefinden drehen, das ist mir peinlich. Sie erklärt mir behutsam, was mich erwarten könnte: Die verschiedenen Untersuchungen, aber auch ein Einzelzimmer. Dann findet die Oberin ein gutes Wort für die Fachärzte, die drei mitfahrenden Schwestern wird sie auf die Station schicken. Sie sind erfahrene Medizinerinnen, die zudem vor Monaten während einiger »Tage der Stille« in Gnadenthal waren und zum lebendigen Glauben an den Herrn Jesus fanden. Über weite Strecken schweigt die Fahrerin, was mir mehr als sympathisch ist, ich spüre aber: Sie betet.

Hin und wieder meine ich ein leises Summen zu hören, das sich mit dem Motorengeräusch vermischt: Es sind Melodien und Texte aus der Jesus-Bruderschaft Gnadenthal, die auch in der katholischen Schwesternschaft gern gesungen werden. Ein Lied summen die Schwestern auf dem Rücksitz alle paar Kilometer immer wieder. Es ist das Lied vom Frieden. Der Heilige Geist schenkte mir vor Jahren in der Gründerzeit der Jesus-Bruderschaft diese Worte mitsamt der Melodie. Besonders einer der Verse löst beim jetzigen Zuhören – inmitten der Schmerzen – eine wohltuende Freude aus und ich singe innerlich diese geschenkten Zeilen gemeinsam mit den Schwestern:

»Jesu Friede schenkt die Freude
Mir als Gottes Gab;
Jesu Friede ist im Leide
All mein Gut und Hab.«

Trotz der heftigen Schmerzen bleibt in mir ein Jubel: Herr, du mein Gott, du bist schön! Du bist so unendlich gut! – Der Friede Jesu in mir ist stärker als der äußere Schmerz. Ja, Jesu Friede ist mit uns und er füllt alles aus.

Nach fünf Stunden Fahrzeit – eine recht scharfe Kurve, die mich an die Außentür des Autos drückt, dann Bremsengequietsche. Ich reiße die Augen weit auf und zucke zusammen: der elende Schmerz. Sterben kann kaum schlimmer sein. Eine Handvoll weiß gekleidete Schwestern eilen aus dem belgischen Krankenhaus zum Auto. Sie begrüßen ihre Oberin Irmengard und ihre Mitschwestern mit großer Liebe und Herzlichkeit. Ich verstehe, was geredet wird: Die flämische Sprache ist ja meiner holländischen Muttersprache mehr als verwandt.

Da rollen Schwestern eine Liege heran, auf die sie mich legen. Ist es wirklich so ernst um mich bestellt? Fahrstuhl, lange Flure, deren Deckenleuchten ich zähle. Die Tür eines Patientenzimmers öffnet sich. Ausziehen. Hinlegen. Ein Arzt ist zur Stelle, der sich vorstellt, aber ich merke mir nicht seinen Namen. Zusammengerollt liege ich im Krankenbett. Die schmerzstillende Spritze. Sie lässt mich nach Minuten ruhiger, entspannter atmen. Auf dem Nachttisch steht eine kleine Vase mit einem blühenden Asternzweig – und eine Bibelspruchkarte davor: »Jesus spricht: Sorget euch nicht um den morgigen Tag.« Das Gesicht der Oberin sieht sehr müde aus, als sie mir ein Segenswort sagt: »Es segne und behüte Sie Gott, der Allmächtige und Heilige, in unserem Krankenhaus.«

Die Schwestern nehmen die Oberin in ihre Mitte und geleiten sie aus dem Krankenzimmer. Ich bin allein, aber ich fühle mich hier »in guten Händen« und geborgen in Jesu Frieden.

Die Tür öffnet sich. Oberarzt Dr. Willems schaut mich kritisch an, nimmt die Patientenkarte zur Hand, die bereits am Fußende meines Bettes hängt. Noch ein kritischer Blick auf meine Person und ebenso kritisch sind seine Fragen: »So, so! Sie sind also aus Deutschland?

Und Sie sind Pastor? Und dazu Protestant in einem rein katholischen Krankenhaus? Meinen Sie ernstlich, hier gesund zu werden?« Ich brauche nichts zu antworten, denn schon ordnet er die Röntgenaufnahmen an und drängt den Stationsarzt, den ich vorhin zuerst sah, zur Eile. Mein Bett wird über lange Flure von schweigenden Nonnen bis in die Röntgenabteilung geschoben. Zwei Stunden später. Oberarzt Dr. Willems klemmt die Aufnahmen an die Fensterscheibe: »Wenn Sie bitte schauen wollen! Hier haben wir die rechte Niere.« Er schaut, ob ich die Aufnahme richtig im Blick habe. Mit einem Stift kreist er die rechte Niere ein: »Eindeutig. Sie haben eine Schrumpfniere. Wir werden sie wohl kaum medikamentös zur Heilung bringen können. Gut. Ein Versuch ist es allemal wert. Wenn nicht anders möglich, wird eine Extraktion vonnöten sein, dann muss die Niere raus. Die linke Niere …«

Dr. Willems runzelt bedenklich seine Stirn. Sein wiederholtes Hüsteln deute ich als Verlegenheit. So, als ob er nicht sofort die richtigen Worte findet. Er hat auch diese Röntgenaufnahme ans Fenster gehängt und umkreist mit seinem Stift das deutlich sichtbare Organ in meinem Körper. »Das hier…« Er wiegt seinen Kopf bedenklich hin und her, kneift seine Lippen aufeinander und schaut mich dann ernstlich an: »Sagen Sie … kann ich mit Ihnen offen reden?«

Ich nicke ihm zu: »Wissen Sie, Herr Doktor, als Christ weiß ich mich nicht nur zu besonderen Zeiten in Gottes Händen, sondern immer!«

»Nun, dann werden Sie mit Ihrem Schöpfer bald einiges zu besprechen haben, denn ... «

Dr. Willems reicht mir die Hand: »Wir werden Sie weiterhin beobachten und untersuchen. Derweil reden Sie mit Ihrem Gott über Ihren nicht gerade rosigen Zustand. Das ist alles, was ich Ihnen jetzt raten kann.« Er geht grußlos.

Mit dem ärztlich-beißenden Spott bin ich allein. Mir schwirrt der Kopf. So also ist mein Lage! Ein ziemlich bedenklicher Zustand. Und doch … bin ich allein? Sorget euch nicht um den morgigen Tag …! Mein Blick fällt auf das Bibelwortkärtchen auf dem Nachttisch. Voll Dank zum himmlischen Vater erlaube ich mir ein Schmunzeln: »Herr, ich bin nichts. Aber ich bin dein!«

Die Versorgung durch die Schwestern ist hervorragend. Auch die Oberin ist stets bemüht, mir die Wünsche von den Augen abzulesen. Es gibt kurze, aber gute Gespräche über die Größe und Schönheit Gottes. »Was wir miteinander reden, das teile ich mit meinen Schwestern, wenn wir abends in der Runde zusammensitzen. Und Sie, Pastor Rötting, sind in unserer Fürbitte beständig von den Schwestern getragen – vor Gottes Thron. Er hat sein Werk an Ihnen.«

In meinen beiden Händen stecken die Dauernadeln, die mich bei Tag und Nacht mit dem Tropf verbinden. Künstliche Ernährung. Ich kann kaum noch aufstehen. Meine Kräfte nehmen mehr und mehr ab. Aus den Wortfetzen bei den Arztvisiten entnehme ich: noch einmal neue Röntgenaufnahmen. Links operieren. Bald. Verlegung des Patienten – neben den OP. Oberin Irmengard führt die ärztlichen Anordnungen aus. Eine Ohnmacht löst die andere in immer kürzeren Abständen ab. Wenn ich aus meinen Bewusstlosigkeiten aufwache, stehen meistens Oberin Irmengard mit einigen ihrer Schwestern neben dem Bett. Hin und wieder vernehme ich, dass sie leise die von mir herausgegebenen Lieder singen. Aber es fehlt mir die Kraft, meine eigenen Lieder singen zu können. Auch das Sprechen fällt mir schwer, aber die Gewissheit bleibt: Sorget euch nicht! Morgen regelt sich der Morgen.

Ich wache wieder einmal aus einer der Bewusstlosigkeiten auf. Es muss Nacht sein. Nur der Schein einer Kerze auf dem Nachttisch beleuchtet die Blumen und das Bibelwort. Und dann sehe ich zwei Gesichter, die sich über mich gebeugt haben. Träume ich? Wer sind diese beiden Männer? Habe ich sie schon einmal gesehen? Schon falle ich in die nächste Ohnmacht. Wie lange diese Bewusslosigkeiten jeweils andauern, entgleitet meinem Bewusstsein. Doch immer wenn ich aufwache, sehe ich nun diese beiden Gesichter. Ist der eine von ihnen nicht Pastor Gilbert, der vor Monaten in Gnadenthal zum lebendigen Glauben an den Herrn Jesus gekommen ist und sein Leben ihm völlig zur Verfügung stellte? Kann sein … Als ich wieder aus tiefer Bewusstlosigkeit aufwache, ist das bekannte Gesicht immer noch da; und das andere Gesicht? Bevor mir das Bewusstsein wieder entschwindet, schnappe ich Bibelworte auf, die sie mir zusprechen. »Ehre sei Gott in der Höhe. Und Friede auf Erden und unter den Menschen Gottes Wohlgefallen!« Schnell denke ich noch: Das will ich wissen, was die beiden Männer hier wollen. Ist der andere nicht Pastor Lieven, den ich auch aus Gnadenthal kenne und der – wie Gilbert – sich ganz in Gottes Hand auslieferte?

Dann kommt der Tag, wo ich die Kraft habe, die beiden jungen katholischen Pastoren zu fragen, was sie hier ständig an meinem Bett machen. Es müssen inzwischen Tage vergangen sein – und immer noch sind sie an meinem Krankenbett. Heute öffnen sich meine Augen wieder und mein Blick fällt sofort auf die beiden Pastoren. Sie sagen mir kurze Bibelworte, die ich wie »Mannabrocken« in meine Seele rutschen lasse. Wie aus weiter Entfernung höre ich Wort um Wort:

»Jesus sagt: Steht auf und fürchtet euch nicht!«

»Jesus sprach zu den Jüngern: Seid getrost! Ich bin's. Fürchtet euch nicht!«

»Wer mich bekennt vor den Menschen, den

will ich auch bekennen vor meinem Vater im Himmel.«

»Sei getrost, mein Sohn. Deine Sünden sind dir vergeben.«

»Was seid ihr so furchtsam, ihr Kleingläubigen? Da stand Jesus auf und gebot den Winden und dem See; es entstand eine große Stille und Jesus fragt: Wo ist euer Glaube?«

»Ich bin die Auferstehung und das Leben. Wer an mich glaubt, wird leben, auch wenn er stirbt. Jeder, der lebt und an mich glaubt, wird in Ewigkeit nicht sterben. Glaubst du das?«

Ein kraftvoller Impuls durchschießt mich. Ja, Herr Jesus, ich glaube!

Die Zeiten werden länger, wo die Bewusstlosigkeit ausbleibt. Das Formulieren von Worten fängt wieder an. Erst halbe Sätze, dann ganze Sätze: »Brüder, was macht ihr hier?« Lieven neigt sich zu mir herüber: »Wegen der Nieren.«

»Habt ihr auch Nierenschmerzen? Ihr auch? Seid ihr auch zur Behandlung hier – zur Operation?« Gilbert nickt mit dem Kopf. Ich weiß: Er segnet mich in Jesu Namen. Die nächste Ohnmachtswelle umfängt mich. Als ich erwache, scheint die Sonne ins Krankenzimmer. An den Fenstern hängen die Röntgenaufnahmen. Ob es die neusten sind? Links und rechts sitzen die jungen katholischen Pastoren an meinem Bett. Lieven befeuchtet meine ausgetrockneten Lippen. Wieder höre ich die Mut machenden Jesusworte, die sie mir leise, aber kraftvoll sagen. Eines davon stärkt mein Herz. Jesus sagt: Ich lebe und ihr sollt auch leben.

Insgesamt spüre ich: Es geht mit meiner Gesundheit bergauf. Die Oberin erscheint wiederholte Male am Tage. Die beiden katholischen Brüder aber sind immer noch da. Die Oberin erklärt mir, warum sie so lange bei mir ausgeharrt haben: »Zuerst war es Lieven, der zu Dr. Willems ging, um ihm zu sagen: Ich bin bereit, Pastor Gerhard Jan Rötting eine meiner gesunden Nieren zu spenden. Als Lieven Pastor Gilbert von seiner Entscheidung erzählte, kam er auch in die Fachklinik.« Auch er will eine seiner Nieren spenden.

Ich beiße meine Lippen zusammen, um meiner Verwunderung und unerklärlichen Freude nicht freien Lauf zu lassen. Doch die Tränen, die über meine Wangen rinnen, zeigen den beiden Brüdern und der Oberin meinen Dank. Mir soll

– als »Protestanten« – existenziell durch zwei junge katholische Pastoren geholfen werden!? Fasse es, wer es fassen kann: fortan mit zwei katholischen Nieren weiterleben zum Dienst der Verkündigung in Predigten und im Unterweisen?

Die Oberin nimmt ein Tuch, um meine Tränen abzuwischen, denn noch immer sind in meinen Handoberflächen die Dauerkanülen für die beiden beständigen Tropfe, durch die ich künstlich ernährt werde und meine Medikamente erhalte. Und dann finde ich die Kraft, um leise »Danke« zu sagen.

Eine Woche später. Der Stationsarzt und Dr. Willems zeigen mir die neuen Röntgenbilder, die während meiner bewusstlosen Stunden gefertigt wurden. Sie zeigen ihr Staunen:

»Wir können es uns nicht erklären, aber die Bilder wurden nicht mit Aufnahmen anderer Patienten vertauscht. Ausgeschlossen. Es sind Ihre Bilder und sie zeigen deutlich: Die Schrumpfniere ist nicht weiter geschrumpft.«

Ich atme durch und danke meinem Herrn Jesus für die Heilungskräfte. Es sind Seine Herzenskräfte für meinen geschwächten Körper.

»Aber das ist noch nicht alles: Der Tumor in der linken Niere … verkleinerte sich deutlich auf Kirschgröße. Da sind gute Kräfte am Werk, die medizinisch nicht zu erklären sind.«

Ich schaue meine beiden katholischen Brüder und die Oberin an. Sie nicken mir freundlich und wohlwissend zu.

»Da hat jemand seine Hand im Spiel, der Sie, Pastor Rötting, unsagbar lieb hat. Und den auch Sie von Herzen lieben. Stimmt's?«

Vierzehn Tage sind seitdem vergangen. Ich fühle, wie meine Kräfte zurückgekehrt sind. Noch immer ist einer der Pastorenbrüder bei mir. Sie wechseln sich ab. Ich darf und kann wieder feste Nahrung zu mir nehmen, hänge aber immer noch am Tropf.

Dr. Willems kommt nach dem Abendessen zu mir. Unerwartet, denn jetzt ist keine Arztvisite zu erwarten. Hat er mir etwas Besonderes mitzuteilen?

»Sie wundern sich, dass ich Sie besuche? Wie soll ich beginnen?« Er zögert.

»Nehmen Sie doch erst mal einen Stuhl. Dann können wir auf fast gleicher Augenhöhe miteinander reden, denn ich vermute, dass Sie mir etwas sagen möchten?«

»Ja, wo fange ich am besten an. Hm … Als Sie bei uns als Schmerzpatient eingeliefert wurden, da waren Sie der erste protestantische Pastor, den ich je im Leben gesehen habe. Ich weiß nicht, warum: Ich konnte Sie als Protestanten einfach nicht ausstehen. Da war eine starke Aversion gegen Sie vorhanden. Aber ich habe Sie als Patienten behandelt – wie jeder andere katholische Patient das von mir erwarten kann.

Und dann kam unsere Behandlung. Ich sagte Ihnen die Diagnose, die Sie kaum oder gar nicht erschütterte. Sie waren und blieben immer offen. Freundlich. Voll Güte gegen mich, der ich durch mein Verhalten Ihnen deutlich zu verstehen gab: Ich kann Sie als Protestanten nicht ausstehen. Mit jedem Tag, den Sie in kürzere, dann stets längere Bewusstlosigkeiten absackten, fing ich an, mich um Sie zu sorgen. Denn inzwischen sind die Vorbehalte gegen Sie geschmolzen. Und als dann die beiden jungen Priester zu mir kamen, um sich für eine Nierentransplantation zur Verfügung zu stellen, da fing bei mir eine Glaubenskrise an, die sich bis heute ständig verschärft hat. Ich habe beobachtet, was zwischen Ihnen und den beiden Priestern lief. Sie kommunizieren derart brüderlich miteinander, wie ich es kaum bei Katholiken beobachtet habe. Ich fragte Gilbert: Warum bringt ihr dem Protestanten dieses Opfer? Ich fragte Pastor Lieven, was ihn bewegt, sich für einen Protestanten auf den Operationstisch legen zu lassen, um ihm eine gesunde Niere zu opfern. Und wissen Sie, was mir beide – unabhängig voneinander – sagten? ›Dr. Willems, es ist die Jesus-Liebe. Pastor Rötting hat sie uns durch das Auslegen des Evangeliums gezeigt und durch seine Hingabe zu uns Katholiken praktiziert. Das ist der Grund, warum wir bereit sind, ihn zu retten.‹

Nun, Pastor Rötting, muss ich Ihnen zwei Dinge sagen:

Erstens – in zwei Wochen kann ich Sie aus unserem Krankenhaus entlassen. Sie werden dann geheilt sein! Es ist ein Wunder vor meinen Augen passiert. Vierzig Jahre bin ich Urologe. Noch nie gab es dieses Wunder in dieser Klinik.

Zweitens – heute will ich beichten. Ich habe unseren Wundergott beleidigt, indem ich Sie herabgesetzt und beleidigt habe. Das tut mir angesichts des Wunders, das der Herr Jesus an Ihnen wirkte, von Herzen leid. Ich bitte um Vergebung und zugleich, dass Sie mir die Hände auflegen und mir die Vergebung im Namen Jesu auf den Kopf zusagen. Und wenn ich auch alle anderen Sünden bei dieser Gelegenheit vor Gott bekannt habe und die Absolution, die Vergebung, durch Sie zugesagt bekommen habe, dann … segnen Sie mich bitte in Jesu Namen. Ich glaube: Der Herr Jesus hat dieses Wunder an Ihnen und an mir gewirkt.«

Dr. Willems kniet am Krankenbett und bekennt unter Tränen seine Schuld und die ihm bewussten Sünden. Ich höre betend zu und transportiere seine Bekenntnisse direkt zum Thron Gottes empor. Als er schließlich ein leises »Amen« spricht, spüren wir beide die Gegenwart unseres gemeinsamen Herrn Jesus. »Herr Jesus, nun schenke mir die Kraft, beide Hände auf seinen Kopf zu legen, an denen noch immer die Schläuche hängen, die mich mit dem Tropf verbinden.«

Tatsächlich: Ich spüre, wie eine neue, sonderbare Kraft mir geschenkt wird. Ich kann handeln – in Jesu Namen. Das muss bei den Engeln im Himmel zwar ein schallendes Lachen hervorgebracht haben, als sie meine Verrenkung im Bett betrachten und der protestantische Patient seinem katholischen Arztbruder hilft, ein neues Leben anzufangen – mit Jesus. Und in Seiner Liebe.

Kein Zahnarzt bohrt so tief

4

Meine chinesische Übersetzerin spricht erstens ein hervorragendes Englisch. Zweitens verfügt sie über ein großartiges Organisationstalent, obschon sie mit ihren nur 1,43 Metern recht klein ist. Heute hat sie ein unauffälliges Treffen mit zwei jungen Christen an der Küste geplant. »Das Rauschen der strandenden Wellen ist heute erheblich, denn wir haben Windstärke sechs. Da hört uns keiner der Geheimdienstler«, flüstert sie mir vielsagend zu.

Ich weiß: Geheimdienstler patrouillieren überall. Überall findet man sie mit ihren »gespitzten Ohren«. In unauffälliger Zivilkleidung tun sie so, als seien sie die harmlosesten Bürger, die es im Riesen-China gibt. In Wirklichkeit sind sie brutal. Sie nehmen keine Rücksicht und gehen über Leichen, wenn es darum geht, »die Volksrepublik vor Abweichlern zu schützen«. Ihren Ohren und Augen entgeht nichts.

Aber auch unserer Übersetzerin entgeht nichts. Ständig sind ihre Augen in Bewegung und doch verrät sie mit ihrem Kopf nie, wie wachsam sie ist, denn sie bewegt ihn nicht. »Wir haben zu Hause einen Wachhund, der sehr lieb ist und nicht weniger wachsam, scharf und bissig. Von ihm habe ich gelernt, wie ich bei aller Wachsamkeit dennoch den

Kopf kaum bewegen brauche. Am besten gar nicht. Aber jede Gefahr schnellstmöglich erkenne.«

Starke Winde gehören zu meinem Leben. Auch diese morgendliche Seebrise ist wohltuend. Sie erinnern mich an meine holländische Heimat, wo meistens eine Windstärke zwischen 3 und 6 über Strand und Land die weißen Quellwolken vor sich hertreibt. Während die Wellen rauschend an den Strand rollen, hinterlassen sie oft ihre malerischen Spuren im Sand. Bei solchem Wind kann man durchatmen. Ganz anders in China. Die Temperaturen in den Großstädten liegen in der Mittagszeit garantiert bei über 40 Grad Celsius. Solche Hitze verkrafte ich nur, wenn ich immer wieder auf eine kühle Brise hoffe, was aber fast immer Wunschdenken bleibt.

Es ist kurz vor acht Uhr. Der morgendliche kühle Seewind ist geradezu eine Erholung. Unsere Begleiterin bleibt plötzlich stehen. »Vielleicht sind das die beiden Christen, die ich in der Ferne sehe«, raunt sie mir zu. »Ich weiß nur wenig über sie; aber sie sind keine Verräter, die unserer Mission schaden. Das wurde mir ausdrücklich versichert. Einer ist Zahnarzt und etwa 25 Jahre alt. Sein jüngerer Bruder kommt mit, um Wache zu halten. Er wird Ausschau nach Geheimdienstlern halten und uns rechtzeitig mit einem Pfeifsignal warnen, wenn welche von ihnen auftauchen sollten. Komm, wir gehen langsam weiter. Ich muss die Hände des Zahnarztes sehen. Er ist Linkshänder. Und in dieser Hand hält er eine Zange, mit der er Zähne zieht. Das ist sein Erkennungszeichen. So wurde es mit mir vereinbart.«

Am Strand spielen schon Kinder, die von ihren Eltern beaufsichtigt werden. Einige ältere Leute führen Gymnastikübungen durch, wie sie in China gang und gäbe sind. Wir nähern uns den beiden jungen Männern, die langsam in Richtung des bewaldeten Strandhügels gehen. Erst als wir sie eingeholt haben und sie nur noch drei Meter vor uns sind, greift der ältere in seine Hosentasche: Die Zahnarztzange! Keine Begrüßung. Aber wir haben uns getroffen! Jetzt gehen wir in vier Metern Seitenabstand parallel zueinander weiter. Mal sind die beiden Brüder ein paar Schritte schneller als wir, dann verlangsamen sie ihren Gang – und wir sind vor ihnen.

Nur mit den Augen hält die Übersetzerin Kontakt zu den Männern. Wir haben vereinbart, dass ich unterwegs kein einziges Wort rede. Das würde eindeutig zu meinem Nachteil sein, denn ich bin Ausländer. Vorübergehende Strandbesucher schauen uns ohnehin sehr aufmerksam an: ein westlicher, fast zwei Meter großer Mann mit einem Rucksack, neben ihm die kleine chinesische junge Frau, die zwei Trippelschritte machen muss, wenn er einen Schritt in den Strandsand setzt. Ich atme tief durch und bin glücklich, unsere Gesprächspartner gefunden zu haben. Werden die beiden jungen Männer den Kontakt zu der Bibelgemeinde in Xiamen schaffen, für die wir Neue Testamente ins Land geschmuggelt haben? Gehören sie vielleicht selbst zu dieser Christengemeinde?

Vor dem Strandhügel biegen die beiden auf einem schmalen Pfad in den Wald. Während der Jüngere jetzt jeden Meter Gestrüpp durchstöbert, ob sich Liebespaare oder staatliche Lauscher im niedrigen Waldgebüsch versteckt halten, ist der Zahnarzt stehen geblieben. Für einen Chinesen ist er mit seinen 1,85 Metern recht groß. Zum ersten Mal schauen wir uns an. Schweigend. Es sind gütig strahlende Augen, in die ich hineinblicke. Er legt beide Hände zusammen vor seine Brust und verneigt sich. Meine Begleiterin und ich tun es ihm nach. Während meines China-Aufenthaltes habe ich gelernt, niemandem die Hand zu reichen, sondern abzuwarten, wie der Gastgeber sich verhält, um es ihm nachzutun. Der Zahnarzt sucht eine schattige Stelle, wo wir uns im Waldmoos hinsetzen können. Er nimmt noch einmal Kontakt zu seinem Bruder auf, der mit Pfeifton »Entwarnung« signalisiert.

Als wir einander gegenübersitzen, öffne ich meinen Rucksack, hole eine Thermoskanne und Plastikbecher hervor und wir genießen den kühlen Trunk. Meine Übersetzerin stellt mich als den Leiter der Mission Ost-West aus Deutschland und auch sich selbst vor: Sie sei in Hongkong zu Hause und gehöre dort zu der jungen Gemeinde. In einer Exportfirma arbeite sie als Sekretärin, aber zurzeit habe sie Urlaub, den sie dafür verwende, mich zu begleiten und zu übersetzen. Der Zahnarzt nennt seinen Vornamen: Deng. Das Gespräch könnte beginnen, aber Deng legt erneut die Hände vor seiner Brust zusammen. Ich verstehe: Erst wollen wir beten. Und obwohl ich rein gar nichts verstehe, so höre ich den Namen Jesu in den chinesischen Gebeten. Die Gebetsatmosphäre sagt alles: Wir lieben unseren Gott. Amen.

Die Augen des Zahnarztes werden immer größer, als meine Begleiterin und ich aus dem Rucksack eine Handvoll chinesische Neue Testamente herausholen und ihm geben. »Für mich? Darf ich sie weiterverschenken? Unsere Gemeinden verfügen nur über wenige Exemplare. In manchen Gemeinden sind Christen dabei, die Evangelien und apostolischen Briefe mit der Hand abschreiben.« Ich weise auf den vollen Rucksack: »Den nimmst du, wenn wir uns nachher verabschieden.« Auf dem Gesicht des Zahnarztes sehe ich nicht nur Schweißtropfen perlen: Er wischt sich mit dem Handrücken die Tränen aus dem Gesicht. Dann springt er auf und legt die Hände auf meine Schultern, um seinen Dank auszudrücken.

Wir haben sicher nicht viel Zeit. Aber ich

frage Deng, wie es um die Gemeinde steht, wie die staatlichen Autoritäten darauf reagieren, wenn die christlichen Gemeinden beständig wachsen. Wie können wir Deutschen die Gemeinde mit christlicher Literatur versorgen? Alsbald haben wir – im Flüsterton – einen »Kanal« gefunden, der absolut sicher ist. Aber dann kommt meine eigentliche Frage: »Wie evangelisiert ihr, wenn es doch nicht gestattet ist, öffentlich das Evangelium auszubreiten?«

»Wir hören nicht nur die Gute Nachricht aus dem Bibelbuch. Auch. Wir leben das Evangelium«, ist seine gute und knappe Antwort. Und wie sieht das konkret aus? Das will ich genauer wissen. Deng überlegt einige Augenblicke. Dann erzählt er eine Begebenheit, die – so meint er – für viele andere steht:

»Ich habe nur eine kleine Praxis mit nur einem einfachen Behandlungsstuhl und einem Handbohrer. Aber die Leute kommen. Vor vier Wochen hatte ich eine etwa 50-jährige Frau in Behandlung. Sie stand verlegen an der Praxistür und hatte ihre geschwollene Wange mit einem Schal bedeckt, der über ihrem Kopf zusammengeknotet war.

Als sie ihren Mund öffnet, bin ich erschrocken. ›Das sieht böse aus! Vielleicht lässt sich die Zahnruine noch reparieren. Ich werde viel bohren müssen, dann kann ich plombieren. Sie werden jetzt eine Stunde lang viel Schmerzen haben.‹

›Macht nichts‹, meint die Patientin. ›So weiterzuleben ist auch kein Leben!‹ Und schon öffnet sie ihren Mund, so weit es denn geht. Ich mache mich ans Werk. Zwischendurch – wenn ich den Bohrer auswechsle – trockne ich nicht nur ihre Lippen, sondern auch ihre Wangen. Denn sie weint ununterbrochen. Nach zwanzig Minuten mache ich eine Behandlungspause und frage, wie sie sich fühlt.

›Doktor, die Zahnschmerzen sind erheblich im Abklingen. Aber der eigentlich Schmerz ist geblieben. Der sitzt tief. Ganz tief. Da kommen Sie mit Ihrem Bohrer gar nicht hin.‹

Sie legt beide Hände auf ihre Brust: ›Mein Herz, wissen Sie, ja, mein Herz tut so weh.‹

Die Tränen strömen weiter über ihre Wangen. Ich reiche ihr eine große Papierserviette.

›Bleiben Sie ruhig sitzen. Holen Sie tief Luft. Und wenn Sie können, dann erzählen Sie.‹ Sie braucht noch eine Papierserviette, die sie wie einen Filter vor ihren Mund hält. Ich verstehe aber bruchstückhaft doch die kurzen, abgehackten Sätze: ›Mein Mann – vier Jahre Arbeitslager – Steingrube mit hundert anderen Gefangenen – der parteiliche Umerziehungszwang hat ihn kaputt gemacht – unsere Tochter hat ihn nur als kranken Vater erlebt – elf Jahre habe ich ihn daheim gepflegt – sein Asthma und Krebs haben uns arm gemacht. Doktor, Sie wissen ja am besten, wie teuer Medikamente sind.‹

Als ich ihr ein Glas Wasser reiche, kommt die Patientin mehr und mehr zur Ruhe. Sie lächelt mir kurz zu, was ich als Vertrauenserweis verstehe.

›Nebenher habe ich all die Jahre hart arbeiten müssen, um etwas Haushaltsgeld zu verdienen. Die Tochter war dadurch sich selber überlassen. Sie konnte es nicht mit ansehen, wie ihr Vater leidet, und ging nie zu ihm. Auch nicht, wenn er seine Erstickungsanfälle hatte. Während eines solchen Erstickungsanfalls ist er dann gestorben. Und nun kommt das Schlimme, was mein Herz gebrochen hat: Meine Tochter ist seit Monaten von zu Hause weg. Ich fand einen Zettel auf dem Küchentisch: Mutter, ich kann nicht bleiben. Ich sage dir Ade. Sei stark. Bleib gesund. Auch wenn ich dich nie mehr sehen werde: Ich hab dich lieb.‹

Die Patientin beugt sich vornüber, schluchzt ihren Seelenschmerz heraus. Ich bete um Weisheit. Denn was soll ich ihr sagen? Aber ich bin gewiss: ›Du, Herr Jesus, legst mir die Worte in den Mund, die zu sagen für die Patientin hilfreich sind.‹

Als die Patientin sich wieder an den Stuhlrücken lehnt, streckt sie ihre Hand aus. Ich verstehe: Sie bittet um eine weitere Papierserviette. Aus ihrem rot geweinten Gesicht schauen mich zwei dunkelbraune Augen dankbar an:

›Doktor, es geht mir schon besser. Mein Herz schmerzt nicht mehr so heftig. Wissen Sie, ich weinte fast ununterbrochen, seit ich den Zettel meiner Tochter fand. Ich weiß nicht, wohin mit meiner Not. Verstehen Sie, dass ich mir große Sorgen um sie mache? Und mir selber mache ich die größten Vorwürfe: Was habe ich bei der Erziehung versäumt? Und was soll werden? Ich weiß nicht weiter! Sie ist doch erst fünfzehn. Und läuft weg.‹

Ich unterbreche sie und frage unvermittelt: ›Sie wissen nicht, wohin mit Ihrer Sorge? Sagen Sie: Beten Sie nicht?‹

Die Patientin hält die Luft an und schaut mich jetzt süßsäuerlich an: ›Beten? Ich? Meine Eltern verehrten Konfuzius. Aber vom Beten haben sie mir nichts erzählt. Und Beten soll helfen? Mir helfen? Doktor, so was glauben Sie doch selber nicht, oder?‹

Ich will die Behandlung fortsetzen, nehme den Bohrer erneut zur Hand und gebe ihr zu verstehen, sie kann ihren Mund wieder weit öffnen. Und während ich bohre, nenne ich den Namen eines Mannes, der die Welt veränderte – Jesus. Er ist in der Lage, auch ihr beizustehen – und zu helfen, weil er Gottes Sohn ist, der jetzt bei uns ist. Ganz nah. Und er wartet auf unsere Worte. Mehr noch: Er will unsere Worte vor Gott bringen. Und von Gott kommt uns jede erdenkliche Hilfe.

Als ich die Zahnfüllung anrühre – und bete –, fragt die Patientin: ›Doktor, was soll ich diesem Mann sagen, dessen Name mir entfallen ist? Und der soll Gottes Sohn sein? Das will ich ja gern glauben, wenn Sie, Herr Doktor, mir das so klipp und klar sagen. Ob er wirklich was an meiner Lage ändern kann?‹

›Ja, Jesus, Gottes Sohn, kann! Nur Jesus kann helfen und retten!‹

›Jesus kann‹, wiederholt die Patientin, ›Jesus, du kannst! Du bist Gottes Sohn!‹

Als die Behandlung abgeschlossen ist, verlässt eine gläubige Frau meine Praxis. Alle drei, vier Tage kommt sie zu Nachbehandlungen. Sie erzählt mir: Sie betet daheim viel und gern zu Jesus, dem Sohn Gottes.

Drei Wochen sind vergangen. Ein Mädchen steht vor der Praxistür. ›Meine Mutter hat mir von Ihnen erzählt, als ich heute Morgen in der Frühe nach Hause gekommen bin. Ich hatte sie verlassen. Aber dann habe ich es nicht mehr ausgehalten und ging heim zu ihr. Ich habe ihr alles, wirklich alles erzählt, was ich in den letzten Wochen durchgemacht habe. Aber mein Inneres ist noch immer gewaltig aufgewühlt. Mit meiner Vergangenheit werde ich allein nicht fertig.‹

Ich verstehe: Vor mir steht eine Gebetserhörung.

›Es war eine schreckliche Zeit. Eine Katastrophe reihte sich an die andere. So konnte es nicht weitergehen. Ich litt plötzlich an Heimweh und dachte ständig an die Güte meiner Mutter. Ich war total durcheinander. Da reiste ich heim. Ich erzählte Mutti von meinem versauten Leben. Sie riet mir dringend: Du musst sofort zum Zahnarzt, Kind. Aber Mutti, ich habe keine Zahnschmerzen. Nur – mein ganzes Leben steht auf dem Kopf. Und dieser Kopf ist voll Schrott und Unrat. Aber Mutti beharrte bei ihrer Meinung: Du gehörst auf den Zahnarztstuhl. Unbedingt! Und darum bin ich hier. Können Sie mich gleich behandeln?‹

Während der Behandlung erzähle ich der Tochter von der Möglichkeit der Sündenvergebung. Und dann packt die Tochter aus. Radikal – wurzeltief.

Als die Tochter sich von mir verabschiedet, weiß auch sie, wer Jesus ist. Sie akzeptiert ihn. In Jesu Namen vergebe ich ihr alle Sünden, die sie sich in den letzten Monaten ›in der Welt‹ aufgeladen hat. Sie bejaht auch die Möglichkeit, ein neues Leben anzufangen – im Glauben und in der Liebe zum Sohne Gottes – Jesus.

Als Zahnarzt habe ich einen wunderbaren Beruf. Aber meine eigentliche Berufung ist,

Evangelist und Seelsorger für viele Menschen zu sein. Der Behandlungsstuhl ist mir dabei eine gute Hilfe: Er ist zugleich auch Beichtstuhl.

Mein ›Handwerk‹ ist nur dazu da, Menschen für das Reich Gottes fischen zu können.

Mutter und Tochter haben – nachdem sie zur Gemeinde gekommen sind – daheim einen Gebetskreis begonnen, zu denen sie Nachbarn und Nachbarinnen einladen. So wächst die Gemeinde Gottes: Wir Christen sagen es weiter, was unser Herz und Leben verändert hat.«

Ich hätte dem Zahnarzt noch gern weiter zugehört: Aber wir müssen uns trennen. Wir beten gemeinsam. Dann reiche ich ihm den Rucksack mit 45 chinesischen Neuen Testamenten. Sein jüngerer Bruder hilft ihm tragen. Als sie so schwer bepackt vor mir stehen, lege ich den beiden Brüdern die Hände auf den Kopf und segne sie in Jesu Namen. Dann ziehen sie los. Meine Übersetzerin und ich bleiben noch eine Weile in unserer Schutzzone. Später schaue ich den Strand entlang: Die beiden Brüder sind nicht mehr zu sehen. Mögen sie den Blicken des Geheimdienstes und der Polizei entkommen sein – und ihr gutes Werk tun. Und während ich ihrer betend gedenke, spüre ich, wie meine brüderliche Liebe sie begleitet. Aber ich spüre im Denken: Diese kurze Begegnung hat uns in Windeseile zu Brüdern gemacht. So ist das mit der Liebe Gottes, die in uns wohnt: Sie eint.

Die Gemeinde in Xiamen ist in den letzten Jahren zahlenmäßig stark gewachsen. Heute gehören 3262 getaufte Christen zu ihr. Die Zahl der Gottesdienstbesucher und Freunde liegt regelmäßig bei etwa 2200 Personen. Einerseits ist die Gemeinde wie ein Magnet, der viele Ungläubige anzieht. Wohl deswegen, weil die Christen nicht nur das Evangelium hören, sondern leben. Andererseits: Jeder getaufte Christ prüft sich, ob er berufsbegleitend eine zweijährige Evangelisationsausbildung beginnt oder einen dreijährigen Seelsorgekurs in der Gemeinde belegt. Kein Gemeindemitglied ist nur »Mitläufer«.

Übrigens: Der »sichere Kanal« hat sich wirklich als absolut sicher erwiesen. Auf diesem Wege kam von Deutschland eine große Menge

Literatur nach China. Auch mein Unterrichtsmaterial »Mut zur Seelsorge« wurde übersetzt und leistet wertvolle Hilfe.

Halbinsel Krim – wo Atom-U-Boote ankern

5

Wann immer der sowjetische Geheimdienst KGB jemand als nicht linientreu erwischt, greift er hart durch. Den gläubigen Christen, die ihren wiederkommenden Herrn Jesus bezeugen, ist er mehr als nur brutal gegenüber. Die Kommunisten beanspruchen für ihre Ideologie alle Zukunft. Der KGB folgt den ausländischen Christen »auf dem Fuß« und nicht selten werden sie verdächtigt, Spionage für ihr Heimatland in der Sowjetunion zu betreiben unter dem »Deckmantel« des biblischen Glaubens.

Dieser allgegenwärtige Geheimdienst hat in Moskau ein Büro, das auf der anderen Straßenseite steht. Die große evangelische Kirche auf dieser Seite der Straße wird von den Geheimdienstlern bei Tag und Nacht genau beobachtet: Wer geht zum Gottesdienst? Wer besucht die Kirchenleitung, die hier ihren landesweiten Sitz hat? Welche Ausländer kommen und gehen in dieses Gebäude? Was wird im Kirchengebäude geredet? Was wird geplant? Die Richtmikrofone peilen alle Fenster an – und damit auch das Theologische Seminar. Alles wollen die Kommunisten in Erfahrung bringen. Auch wer das Seminar besucht, wer die jungen Männer sind, die aus der ganzen UdSSR regelmäßig nach Moskau reisen, um sich hier zu Pastoren und Diakonen ausbilden zu lassen. Wer sind eigentlich ihre Lehrer?

In diesem Theologischen Seminar unterrichte ich die Fächer »Auslegung des Neuen Testaments« und »Seelsorge«. Die Kirchenleitung hat mich als ersten ausländischen Professor berufen. Und mir ist bewusst, dass jedes Wort, das ich sage, auf der gegenüberliegenden Seite vom KGB auf Tonträger aufgenommen wird. Die Studenten wissen es auch, dass jede Aussage, jede Frage, die sie im Unterricht aussprechen, ihnen zum politischen Fallstrick werden und ihnen Gefängnisstrafen einbringen kann. Deshalb reden sie nur das Allernötigste untereinander und im Unterricht.

Dicht gedrängt sitzen sie im Dachgeschoss des Kirchengebäudes, denn der Raum ist eng. Und im Winter ist es hier kalt: Kühlschranktemperatur bei neun Grad Celsius. Das Essen während der Unterrichtswochen ist knapp und karg. Während der Vorlesungen hört man ihre Mägen knurren.

Diese äußeren Bedingungen scheinen die 35 Studenten nicht davon abzuhalten, die dreijährige Ausbildung durchzuhalten.

Sie kommen gern. Sie reisen vier oder fünf Tage, bis sie in Moskau sind. So groß ist dieses kommu-

nistische Staatsgebilde. Von Irkutsk am Baikalsee an der chinesischen Grenze kommt einer von ihnen. Er reist sogar eine volle Woche, um am Moskauer Seminar zu studieren. Andere haben es näher. Sie kommen aus dem hinteren Sibirien und sind in Krasnojarsk oder Nowosibirsk zu Hause. Aber auch für die Studenten aus der Westukraine ist der Weg nach Moskau – für meine Begriffe – mit großen Strapazen verbunden, wenn man die langsamen und schmutzigen Züge der sowjetischen Staatsbahn kennt.

Igor ist ein Tartare. Er kommt aus Sewastopol, der Hafenstadt auf der Halbinsel Krim. Ein dunkelhäutiger, athletischer junger Mann mit dunkelbraunen, quicklebendigen Augen und einem buschigen Schnauzbart. So stelle ich mir jenen tatarischen Reiter in osmanischen Diensten vor, der in einem gewaltigen Ritt 1854 die Falschmeldung von der Einnahme Sewastopols nach Bukarest brachte, eine Schreckensnachricht, die sofort und nachhaltig das Geschehen in der europäischen Politik und an ihren Finanzmärkten beeinflusste. Wenn Igor lacht, dann zeigt er dabei seine weißen Zähne, seine Lachsalven dringen wohl bis in die Räume der Kirchenleitung durch. Und er lacht gern! Obwohl er noch studiert, leitet Igor bereits eine Gemeinde in seiner Heimatstadt Sewastopol. Er hat stets Mühe, die Militärsperren zu passieren, wenn er nach Moskau reisen will. Denn die Hafenstadt beherbergt mehrere sowjetische U-Boote und ist damit Sperrgebiet und gehört zu den bestbewachten Militärzonen in der Sowjetunion.

Ausgerechnet Igor lädt mich in seine Gemeinde nach Sewastopol ein. Und außerdem würde er mich zum Aerodrom auf der Krim einladen, einer Freilichtbühne, die das Kriegsgeschehen in den Jahren 1942 bis 1944 »naturgetreu« darstellt.

»Werden Sie kommen?«

»Bitte besuchen Sie uns. Das würde die Gemeinde im Glauben stärken.«

Wiederholte Male äußert Igor mit flüsternder Stimme und vorgehaltener Hand seine Bitte, damit die Richtmikrofone des KGB seine Bitte nicht vernehmen. Und während er spricht, schlagen andere Studenten störenden Lärm mit der Absicht: »Was wir hier planen, soll den Sowjets verborgen bleiben.« Mit Gesten machen andere Studenten mir Mut, dorthin zu gehen, wohin kein Mensch aus dem Westen seit Kriegsende je kam. Aber wie soll das gehen: in ein streng kontrolliertes Militärgebiet einreisen? »Darüber brauchen Sie sich keine Gedanken zu machen.« Igor schmunzelt, schaut die umstehenden Studenten an, die ihm auf die Schultern klopfen, was ich verstehe als: »Keine Angst. Igor macht das schon.«

Vier Monate später: Mit acht jungen Männern, die auch in Moskau am Theologischen Seminar studieren, fahren wir in drei alten Ladas in Richtung Krim. In jedem Auto sitzen wir zu dritt. »Wegen der Sicherheit«, meinen sie. Wieso? »Nun, in diesem einen Lada sind Sie. In dem anderen Ihr Gepäck. In dem dritten sind die von Ihnen mitgebrachten russischsprachigen Bibeln und Neuen Testamente. Und wenn einmal ein Lada ausfällt, dann stehen immerhin noch zwei ›Rostkapseln‹ für das Unternehmen ›Rötting in Sewastopol‹ zur Verfügung.« Es ist also gar nicht sicher, ob die drei Autos das

Ziel Sewastopol überhaupt, und dann möglichst gleichzeitig, erreichen. Ich weiß, dass der Volksmund alle Ladas, die in der Sowjetunion auf den miserablen Straßen unterwegs und älter als 12 Jahre sind, disqualifizierend »Rostkapseln« nennt. Mir bricht der Schweiß aus, denn was will ich machen, wenn mir unterwegs meine Bibel abhandenkommt? Sie befindet sich im zweiten Lada. Und wenn dieses Auto streikt und seine Fahrt nicht fortsetzen kann? Was dann? Wie stehe ich ohne die Heilige Schrift in der Hand da, wenn ich Jesus als König und Herr vor der Gemeinde verkündigen soll?

Noch rollen die drei Rostkapseln in gebührendem Abstand nacheinander.

Öfters werden wir auf den Überlandstraßen angehalten. Die wiederholten Pass- und Autokontrollen unterwegs zehren an meinen Nerven. Alle 60 bis 100 Kilometer werden wir an Straßenkontrollpunkten von Uniformierten angehalten, die sich sichtlich einen Spaß daraus machen, uns gründlich zu untersuchen. »Was ist das? Was bedeutet dieser Koffer? Haben Sie Bibeln dabei? Wohin geht die Reise? Wie viel Geld haben Sie in der Tasche? Die Pässe, bitte«!

Zu Beginn der Reise haben mir die Studenten einen einheimischen Pass in die Hand gedrückt. Das Passfoto stellt einen Mann in meinem Alter dar. Braungebrannt – ich mit meiner holländischen Haut sehe aber ziemlich blass aus. Wird das nicht auffallen? Der eigentliche Passbesitzer hat einen schwarzen Oberlippenbart und volles Haar. Das ist für Igor kein Problem: Mir wird ein breiter, schwarzer Bart unter die Nase geklebt. Doch der passt ja überhaupt nicht zu meinem blonden Haarkranz. Macht nichts: Ich bekomme eine speckige Mütze über Kopf und Ohren gezogen. »Die passt, oder?« Wir lachen. »Und wenn Sie zur Rede gestellt werden: Halten Sie eisern den Mund. Sie hören nichts – Sie reden nichts, stellen Sie sich taubstumm.« So haben wir vereinbart.

Der Uniformierte öffnet die hintere Autotür und deutet mir: Aussteigen. Los! Ich spüre, wie die zwei Brüder vorn im Auto den Atem anhalten. Ich bleibe aber sitzen, denn ich verstehe –

vereinbarungsgemäß – die Aufforderung des Polizisten nicht. Er deutet mir mit Zeichensprache, er will meinen Reisepass sehen. Meine Hand greift etwas zittrig in die Brusttasche und ich überreiche ihm das ziemlich schmierig aussehende Reisedokument, in dem er herumblättert. Dann schaut er mich durchdringend an, grunzt ein paar Mal, wirft mir schließlich den Pass auf die Knie und knallt die Tür zu. Die Fahrt geht weiter. Singend. Gott preisend. Innerlich bleiben wir stark – und äußerlich sind wir brüderlich eins in Jesus Christus, den wir lieben. Ich weiß noch aus früheren waghalsigen Unternehmen, die ich mit Gottes Hilfe und den einheimischem Brüdern in Russland durchführte: Gottes Wege mit uns sind heilige Wege.

Über die schmale Landzunge, die das Festland und die Insel Krim verbindet, gelangen wir zum »Kriegspanorama«. Dort, wo im letzten Weltkrieg die deutsche Wehrmacht mit hohen Verlusten der »ruhmreichen Sowjetarmee« schließlich unterlag, ist unter freiem Himmel ein gewaltiges Szenario aufgebaut: Feindliche Panzer stehen sich gegenüber. Wohlverstanden: Diese Panzer schießen jetzt mit donnerndem

Getöse. Deutsche Flugzeuge hängen am Himmel und bombardieren die Armeestellungen der Sowjetarmee. Abwehrkanonen schießen die deutschen Jagdbomber ab. Schließlich: Ganz vorn – da, wo wir stehen – schießt mit aufgesetztem Bajonett Soldat gegen Soldat – hier die Russen, dort die Deutschen. Zerfetzte Soldaten bedecken das Schlachtfeld. Da liegt ein abgerissener Soldatenarm. Unweit davon kämpft ein blutender russischer Leutnant schreiend mit dem Tode. Schlag auf Schlag detonieren Granaten. Ich ziehe unbewusst meinen Kopf ein. Panzerfäuste dröhnen gegen Panzer: Sie brennen. Russische Soldaten wollen sich aus ihrem schweren Fahrzeug retten – aber sie werden von deutschen Kugeln erwischt und beißen ins Gras. Wir stehen mitten im Krieg. Krieg! Mörderisch. Zwar inszeniert, aber gut gemacht. Vor meinen Füßen sehe ich das Gesicht eines toten jungen Russen – seinen Mund hat er weit geöffnet. Was mögen seine letzten Worte gewesen sein? Da sehe ich ein altes ukrainisches Mütterchen, das mitten im Kampfgebiet aus ihrem geflochtenen Korb eine Binde herausholt, um den Kopf eines deutschen Soldaten zu verbinden.

So sieht Krieg aus! Mörderische Wirklichkeit! Vor mir explodiert eine Handgranate.

In den Niederlanden habe ich 1940 die deutsche Invasion erlebt. Vor meinen Augen schlagen deutsche Soldaten mit ihrem Gewehrkolben unseren Gärtner Joop nieder, den mein Vater und meine Mutter rettend ins Haus bringen – zu spät. Er verstirbt in den Händen meiner Eltern. Dieses Ereignis überwältigt mich jetzt neu. Es ist Krieg, der mich als Kind erschütterte und nun neu erschüttert. Jetzt reißt alles wieder auf. Ich wende mich ab – weinend. Schluchzend. Das kriegerische Getöse donnert hinter meinem Rücken weiter. Die Brüder folgen mir. Ich reiße den aufgeklebten schwarzen Schnauzbart aus dem Gesicht. Ich muss nämlich meine Nase schnäuzen und meine Tränen aus dem Gesicht wischen. Die speckige Mütze reiße ich vom Kopf. Die Studenten kennen nur den großen, starken Professor Rötting. Jetzt stehen sie um mich und sehen – ich kann weinen. Sie schauen mich lang und schweigend an. Einer drückt mir die Hand. Auch spüre ich eine Hand auf meiner Schulter. Der Kirchenpräsident des Bundes der Evangeliumschristen in der

Ukraine ist eingetroffen, aber ich sehe ihn erst, als ich meinen Kopf wieder erhebe: Dr. Grigory Komendant steht neben mir.

»Brüder. Warum dieser … Krieg! Was haben die Deutschen hier verloren? Warum dieses gegenseitige Zerstückeln … der Menschen?« Ich erwarte keine Antwort. Aber mir ist klar: Heute Abend und morgen kann ich nicht predigen. Denn schließlich bin ich als Deutscher hier. Weil ich in Deutschland wohne und lebe, denkt wohl jeder: Hier steht kein Niederländer vor ihnen, sondern ein Deutscher, einer von denen, die damals unser Land zerstört, Frauen und Kinder aus dem Leben gerissen haben. Brutal. Schonungslos. Sinnlos. Was hatten die Deutschen damals hier auf der Krim verloren? Die Leute werden fragen: ›Was will heute dieser Deutsche, dieser Pastor Rötting, bei uns?‹ Brüder, ich kann nicht predigen. So nicht! Versteht mich!«

»Und warum geht das mit dem Predigen heute und morgen nicht?«, fragt Bruder Grigory Komendant.

»Die unvergebene Schuld, Bruder.«

Mein Herz schmerzt. Ich beuge mich vornüber und ringe nach Luft. Meine Tränen kullern auf jene Erde, die deutsches Soldatenblut ebenso aufsaugte wie das Blut von russischen Müttern und ihren Kindern und von Sowjetsoldaten: immerhin mehr als eine halbe Million.

»Doch, Pastor Rötting, Sie predigen heute Abend in Sewastopol. Und morgen auch. Sie können. Die Menschen warten auf Sie, auf das Wort, das Sie ihnen von Gott her zu sagen haben. Wie immer: Ihre seelsorgerliche Verkündigung ist gefragt«, meint Bruder Komendant.

Ich halte die Hände vors Gesicht, nicht weil ich mich schäme und meine Tränen verbergen will. Auch. Ich schäme mich für die Deutschen.

»Ist jemals ein Deutscher hierher in die Krim gekommen und hat um Vergebung für das deutsche Volk gebeten?« Bruder Komendant nimmt meine Hände in seine Hände und schüttelt schweigend den Kopf.

»Bruder Grigory Komendant, wenn du mir heut Abend vor der versammelten Gemeinde die Schuldvergebung in Jesu Namen zusprechen kannst, dann tue es. Unmöglich kann ich die Schuld des ganzen deutschen Volkes tragen – das kann nur der Herr Jesus. Ich will vor die

Gemeinde treten und sagen, was in dieser Nachmittagsstunde Gott durch seinen guten Heiligen Geist in mir gewirkt hat: den Willen zur Versöhnung. Und wenn es recht ist, knie ich nieder. Und in deiner Eigenschaft als Kirchenpräsident lege mir bitte die Hände auf den Kopf und sprich das biblische Wort der Vergebung und der Versöhnung für alle Deutschen. Sprich von der unverdienten Gnade, die Jesu Blut am Kreuz von Golgatha für uns alle wirkt.« Ich spüre, wie Dr. Grigory Komendant stets kräftiger meine beiden Hände drückt: »Ja, so soll es sein – Vergebung und Versöhnung durch die Gnade Gottes.«

»Dann werde ich predigen können. Ganz gewiss.«

»Und ich werde Ihre Worte ins Russische übersetzen.«

Der Kirchensaal ist schon eine halbe Stunde vor Gottesdienstbeginn gefüllt. Als kein Sitzplatz mehr frei ist, stellen sich die Gläubigen an die Wände der Seitengänge, sie stehen auch im Mittelgang. Pastor Igor, auch der Kirchenpräsident, Dr. Grigory Komendant, und ich haben Mühe, uns bis zur Kanzel durchzudrängeln. Ganz kurz frage ich mich, wie viele kommunistische Spitzel sich unter den hunderten von Gläubigen befinden. Ich bin zwar heil bis hierhergekommen, werde ich in den nächsten Augenblicken vielleicht verhaftet werden?

Denn kein Ausländer darf sich in Sewastopol aufhalten. Und ich soll hier sogar vor hunderten Leuten predigen? In den Gesichtern der Gläubigen sehe ich Anspannung. Denken sie, was ich jetzt gedacht habe? Komme ich hier als freier Mann aus dem Gotteshaus wieder heraus? Oder ist es mehr eine tief empfundene Trauer, die sich um die Augen der Männer und Frauen festgesetzt hat?

Der Chor lenkt meine schweren Gedanken in Dank und Jubel um: »Großer Gott, wir loben dich! Herr, wir preisen deine Stärke. Vor dir neigt die Erde sich und bewundert deine Werke. Wie du warst vor aller Zeit: So bleibst du in Ewigkeit.«

Pastor Igor begrüßt uns – ohne Namen zu

nennen. Dr. Grigory Komendant spricht und stellt mich der Gemeinde vor – auch er nennt meinen Namen nicht. Wir beide stehen in der recht engen Kanzel. Und dann sage ich, was zu sagen mir auf dem Herzen liegt. Die meisten Gläubigen kennen das Kriegspanorama zwar nicht. Aber ich erzähle von dort. Vom Krieg …

»Da ist so viel Blut an deutschen Händen! Da ist unverheilte Not und Schmerz bei euch. Und Hass auf Deutsche. Verbitterung im Denken und im Fühlen. Und da sind die Haustrümmer, die euch geblieben sind. Denken wir nur an die Menschenverluste während dieses grausamen Krieges, der uns alle noch heute erschüttert! Darum kann ich nicht zu euch predigen! Ich sehe, wie ihr jetzt noch volles Leid tragt über das, was euch durch deutsches Militär angetan wurde.«

Zwei Männer drängeln zum Ausgang und verschwinden. Doch die meisten Gläubigen weinen. Ich auch. Bruder Komendant ergreift das Wort und spricht von dem, was wir beide am »Kriegspanorama« heute Nachmittag miteinander erlebt haben. Ich knie vor dem Abendmahltisch nieder. Ein Ruck geht durch die Gemeinde. Die Menschen erheben sich. Viele knien nieder – soweit Platz in den Reihen vorhanden ist. Bruder Komendant legt mir die Hände auf den Kopf.

»Bruder Rötting, was du an Kriegsschuld vor Gott und der Gemeinde Jesu genannt hast und die dein Herz erschüttert: Sei gewiss, das Blut Jesu komme über uns und über alle Deutschen, und über unsere und ihre Kinder. Das Blut Jesu versöhnt und rettet, es gilt für dich selber, Bruder, und es ist dargebracht für die Verirrungen unserer Völker. Gott beweist seine Liebe zu uns dadurch, dass Christus für uns gestorben ist, als wir noch Sünder waren. Wenn wir mit Gott versöhnt worden sind durch den Tod seines Sohnes Jesus, wie viel mehr werden wir als Versöhnte gerettet werden durch sein Leben. Sei in Jesu Namen gesegnet. Und diene dem Herrn mit Freuden! Amen.«

Was nicht vorgesehen war: Die Menschen kommen auf Bruder Komendant und mich zu und drücken uns die Hände. Mancher segnet mich.

Das gab es noch nicht: Ein Deutscher kommt, um bei ihnen Jesu Frieden zu verkündigen und Seinen Frieden zu stiften. Dieses Erlebnis eilt wie ein Lauffeuer durch die Stadt am Schwarzen Meer, das zudem militärisches Sperrgebiet ist und wo sowjetische Atom-U-Boote ankern. Bewahren diese gefährlichen Kriegsboote den Frieden? Vielleicht. Versöhnung aber kommt woanders her, nämlich aus der Gesinnung Jesu, die »ein einfacher Mann aus Deutschland vorlebt, der doch eigentlich ein Niederländer ist ... wie auch immer – er will nur eines: dass die Welt wieder glauben kann«, sagte ein Gemeindemitglied zu meinem Moskauer Studenten Igor, der in seinen jungen Jahren bereits eine Gemeinde leitet.

»Er brachte mich zum Lachen – dieser Pastor«

6

Der großformatige Fotokalender in russischer Sprache ist jedes Jahr ein Erfolg. Mission »Ost-West« kann auch mit hunderttausend Exemplaren die starke Nachfrage nicht decken. In vielen Häusern hängt dieser Fotokalender mit seinen markanten Bibelworten. Auf der Rückseite habe ich für jeden Monat eine Geschichte aus dem Missionsleben geschrieben.

Mit den Gemeindeleitern ist vereinbart: Jedes Gemeindeglied erhält zwei Exemplare dieser sehr begehrten Kalender. Wir handhaben die Verteilung so: Den einen Fotokalender kann man bei sich daheim aufhängen. Und das bedeutet: Mit dem Kalender und seinen Bibelworten, die dem Betrachter sofort ins Auge springen, kann der Christ bezeugen:

»Ich und mein Haus wollen dem Herrn dienen.«

Und kommt Besuch, dann sind die Kalender, die Küchen und Wohnzimmer schmücken, nicht nur Kunstwerke, sondern auch ein »Zeugnis«.

Das zweite Exemplar – so vereinbarte Mission »Ost-West« mit den Pastoren der russischen Gemeinden – sollte weitergegeben werden. Die hohe Auflage ermöglichte diese Art von Volksmission.

Eines Tages werde ich in Russland an einem Kontrollpunkt der Straßenpolizei zum Aussteigen aufge-

fordert. Sehe ich richtig? Was hängt dort an der Wand der Polizeistation? Richtig, es ist tatsächlich der Fotokalender der Mission »Ost-West«! Als ich mich den Polizisten zu erkennen gebe, sagen sie: »Fahren Sie weiter!« Das tat ich – mit einem Dank an Gott.

»In der kommunistischen Verfolgungszeit«, sagt der Kirchenpräsident des Bundes der Evangeliumschristen in der Ukraine, der bekannte Pastor Dr. Grigory Komendant, »da hingen in fast allen Häusern eingerahmte Bibelsprüche wie ›Ich und mein Haus wollen dem Herrn dienen‹. Das waren Bekenntnisworte für Freund und Feind. Und heute?

Unsere missionarischen Kalender dienen dem gleichen Zweck: Sie sind überall im Lande die »stillen Evangelisten«.

Als ich wieder zum Unterrichten ins Theologische Seminar noch Moskau gekommen bin, bedankt sich eine Lehrerin für diesen Fotokalender und erzählt mir, wie dieser ihr Leben rettete und zur neuen Lebensausrichtung verholfen hat. Hier ihre Geschichte:

Es ist einer der trübsinnigen Novembertage mit den tiefhängenden, grauen Wolken. Der kalte Wind bläst durch die Straßen. In meiner Wohnung ist es kühl und ungemütlich. Ich schaue aus dem Fenster, doch ohne zu schauen. Ich sehe nur mich selber. Nun trauere ich bereits seit vier Monaten um meinen verstorbenen Mann. Mein Leid ist unbeschreiblich groß. Innerlich bin ich leer und ausgebrannt. Nichts mehr macht mir Freude. Zu nichts habe ich Lust. Gleich nach der Beerdigung meines Mannes kamen noch die Lehrerkollegen, die mich vertrösteten: »Es wird dich schon bald wieder ein Sonnenstrahl erwischen!« – »Lass den Kopf nicht hängen. Mit jedem Tag wird es besser mit dir.« Stimmt aber nicht! Längst sind die Kollegen weggeblieben. Meinen Beruf vermag ich nicht mehr auszuüben. Ich weine und weine und schließe mich in die enge Wohnung ein. Die Tage vergehen. Ich kann nicht einmal mehr die Zimmerdecke über mir ertragen. Die Fenster verdunkle ich. Meinem Leben ein Ende setzen – so denke ich – kann keine größere Finsternis sein. Meine 25-jährige Tochter kommt täglich, um nach mir zu schauen. Sie bringt mir warmes Essen. »Mutter, was brauchst du sonst noch?«

Eines Tages schreie ich sie an: »Geh! Geh hinaus! Bitte! Ich brauche nichts mehr von dir. Ich will sterben, nur noch sterben!«

»Mutter, denke nicht nur an dich selbst. Die Kinder in der Schule rufen nach ihrer Lehrerin. Geh doch zu ihnen! Sie brauchen dich!«

Aber ich will nicht mehr. Kann nicht mehr. »Heute Nacht will ich sterben.«

Meine Tochter sitzt noch immer neben mir. Auch diese Nähe stört mich gewaltig: »Verschwinde! Lass mich! Geh zu deinem Mann, zu deinen Kindern! Meinetwegen geh in die Kirche – aber hau jetzt ab!«

Sie geht. Ich ordne eine Stunde lang, was noch zu ordnen ist, und weiß, wie ich mein Sterben »machen« muss. Da öffnet sich die Tür: Meine Tochter steht wieder da.

»Mutter, ich habe ein Geschenk für dich. Als ich nämlich tieftraurig von dir fortging, bin ich tatsächlich in eine Kirche gegangen; zum ersten Mal in meinem Leben. Es stand ein junger Pastor da, der verteilte große Fotokalender. ›Sie sind ein Geschenk von Deutschen an uns‹, sagte er, sah mich an und fragte freundlich:

›Sind Sie nicht die Lehrerin meines Sohnes?‹ Einige Leute kennen mich und nicken mir zu.

›Ist Ihre Mutter nicht auch Lehrerin am Gymnasium? Darf ich Ihnen und Ihrer Mutter einen großartigen Kalender schenken? Und wenn Sie sonst noch Fragen haben, kommen Sie gern wieder.‹«

Meine Tochter entrollt die beiden Kalender.

»Nein, ich will sie nicht sehen! Ich will meine Ruhe«, schreie ich sie an. Sie aber nimmt die Verdunklung vom Fenster und zeigt mir den Kalender von der Mission »Ost-West«. Ich lese, was ganz oben auf der Vorderseite steht: »Ihr werdet leben.« Leben?! Ich?!

Meine Tochter blättert in Ruhe die Monatsseiten durch und zeigt sie mir.

»Aber ich will diese Bilder nicht sehen«, schreie ich wütend – und sehe sie doch: gute Fotos mit verständlichen Bibelworten. Und dann … ich will sie – alle zwölf – lesen, weil sie mir im Herzen guttun.

Auf der Rückseite finden wir jeweils eine Andacht. Wir lesen abwechselnd. Erst als wir alle zwölf Andachten gelesen haben, reicht meine Tochter mir den Kalender. Ich greife danach wie nach einem Strohhalm, nach einem Rettungsring. Bald stehe ich vom Bett auf, um besser lesen zu können. Viele Wochen habe ich nichts mehr gelesen. Glück strömt in mich. Es fällt eine Last von mir. Nie – auch nicht als mein Mann lebte, habe ich je solche Erleichterung verspürt. Meine Tochter sieht die kurze Aufmunterung bei mir:

»Der junge Pastor hat uns beide eingeladen. Wenn wir noch Fragen haben, meinte er, können wir ihn besuchen.«

Ich lache hellauf: »Zu einem Pastor gehen? Wie stellst du dir das vor? Ich habe noch nie einen gesehen, geschweige denn mit einem Schwarzrock gesprochen!«

»Aber Mutter, dieser Pastor trägt ein ganz normales Jackett! Er ist ganz normal gekleidet – und freundlich ist er auch!«

»Das gibt es nicht! Du hältst mich zum Narren. Zu komisch!« Ich lache erneut. Plötzlich wird mir bewusst: Du hast seit Jahr und Tag nicht mehr gelacht. Seit Monaten bist du nicht mehr so überglücklich gewesen! Ich frage zögernd: »Warum gehen wir eigentlich nicht zu ihm? Wir könnten sagen: ›Sie haben mit diesem geschenkten Kalender ein Leben gerettet.‹«

Wir sind dann gegangen. Ich habe mich von Christus finden lassen und bin Christin geworden. Ich bin im Gespräch mit diesem jungen Pastor meine Eigenliebe ebenso losgeworden wie all meine Sünden. Heute bin ich gesund. Meinen Schuldienst habe ich wieder aufgenommen, denn das Unterrichten macht mir Freude. In der Gemeinde haben meine Tochter und ich einen Jugendkreis angefangen. Und das alles, weil dieser junge Pastor mir zum Lachen verholfen hat. Es stimmt: Immer ist Gott größer als wir Menschen – weil er uns göttlich liebt!

Fleißiges Treiben im Bienenkorb

7

Trient ist eine sehenswerte Stadt. Für einen Niederländer wie mich sind die hohen, steilen Bergwände rings um die Hauptstadt der autonomen italienischen Region »Trentino-Südtirol« ein Erlebnis. Aber auch die Altstadt mit ihren Giebelbauten aus vergangenen Jahrhunderten faszinieren mich.

Der romanisch-gotische Dom, an dem Generationen gebaut haben (12. bis 16. Jahrhundert), steht majestätisch inmitten vieler malerischer Giebelhäuser, die einst wohlhabende Geschäftsleute erbauten, um ihren Reichtum zu präsentieren. Der Erzbischof von Trient, Monsignore Dr. Alexander Gottardi, hat mich, einen evangelischen Pastor, eingeladen, im gewaltigen Dom zu Trient die »Bußpredigt« anlässlich des offiziellen 450. Gedenkjahres an das Trienter Konzil (1545–1563) zu halten. Das gab es nie zuvor: ein Protestant auf dieser Kanzel! Ich habe diese Einladung angenommen, da ich Erzbischof Gottardi seit Jahren als brüderlichen Menschen kenne. Wie viele Gespräche haben wir bisher miteinander über theologische Spannungen und Spaltungen geführt! Doch nach jeder Begegnung haben wir das Evangelium des Johannes, Kapitel 17, aufgeschlagen und abwechselnd in Deutsch und Italienisch die Worte gelesen, die unser Herr Jesus erstmals betete:

»Vater, ich bin in ihnen, den Jüngern, verherrlicht … Ich komme zu dir.

Heiliger Vater, bewahre sie in deinem Namen, die du mir gegeben hast, damit sie eins seien, gleichwie wir!« (Verse 10 und 11)

Nein, wir haben nicht nur diese Verse, sondern stets das ganze Kapitel 17 zusammen gelesen – und danach gebetet – jeder, wie ihm »der Schnabel gewachsen ist« (Martin Luther).

Und wenn wir uns dann brüderlich verabschiedeten, versprachen wir einander:

Lasst uns eins sein, damit die Welt wieder glauben kann!

Unvergesslich dieser Augenblick, als ich die Stufen der Domkanzel betrete, wohl wissend, dass von dieser Stelle vor 450 Jahren die Gegenreformation eingeleitet wurde, die unsagbares Leid, blutige Kriege, unfassbare Nöte, ein Tränenmeer und unbeschreibliches Elend mit sich brachte.

Und nun soll ein Evangelischer den römischen Katholiken eine Bußpredigt halten? Mir ist bewusst: Gott baut seine Königsherrschaft auf seine Weise, aber nur mit Demütigen.

Der Trienter Erzbischof Alexander Gottardi führt mich die Anhöhe hinauf. Dort steht der erzbischöfliche »Sommerpalais«, den er vor Jahren zu einem Theologischen Institut umbauen ließ und in dem wir schon des Öfteren gute Gespräche führten.

Der weite Blick über die Domstadt bis weit ins Tal der Etsch erfreut mich stets wieder. Heute liegt eine Dunstschicht über der Flussebene. Doch hier oben auf der Höhe scheint die helle Sonne an diesem Vormittag wärmend und kündigt an: Es wird ein wolkenloser, heißer Tag.

»Ich zeige dir heute etwas Besonderes« unterbricht Alexander Gottardi unseren stillen Aufstieg.

»Seit deinem letzten Besuch sind im Nebengebäude des Palais 25 Einzelzimmer entstanden, in denen ich jenen Frauen ein Zuhause gab, die mehr als 12 Jahre die Haushalte der Priester versorgten. Nun – nach dem Tode der Priester – wussten sie nicht, wo sie unterkommen sollten. Sie waren dadurch in eine soziale Schieflage geraten, die oft schon am Tage der Beerdigung begann, wenn die Pastorate geräumt wurden und sich nicht gleich eine neue

Aufgabe für die oft schon hochbetagten Frauen fand.«

Der Erzbischof verweilt einen kurzen Augenblick und schaut mich fragend an:

»Wollen wir diesen Haushälterinnen einen Besuch abstatten? Es bleibt uns noch genügend Zeit für unsere Gespräche. Wir bereiten ihnen eine große Freude, wenn wir gleich unerwartet bei ihnen auftauchen. Einverstanden?«

Ich stimme zu.

Etwa zehn Minuten später stehen wir im großen Wohnzimmer des »Nebenhauses«, für das der Erzbischof bisher keinen passenden Namen gefunden hat, aber »Nebenhaus« klingt in den Ohren der Haushälterinnen etwas negativ. Ihr neues Wohnzimmer wirkt schlicht, aber es ist mit seinen orangefarbigen, plüschbezogenen Polstersesseln geschmackvoll eingerichtet.

Auch ich werde in eine plötzliche Überraschung versetzt, als der Erzbischof mich nach der herzlichen Begrüßung vorstellt: »Pastor Rötting ist evangelischer Pastor. Wir kennen uns seit vielen Jahren und sind brüderlich miteinander im Glauben an den Herrn Jesus Christus verbunden. Und nun stellt er sich euch selbst vor und hält uns anschließend eine Andacht.«

Der Applaus hält lange an. Einige Frauen erheben sich von ihren Plätzen.

Darauf bin ich nicht vorbereitet, eine Andacht für die Haushälterinnen zu halten, die ihnen in ihrer Lage zur Hilfe werden kann. Ich bete still: »Herr Jesus, ich bin mir sicher, du legst mir jetzt die passenden Worte in den Mund« und schaue dann in die Runde. Alsbald weiß ich: Lass zuerst die Frauen reden! Höre zu, was sie bewegt. Jede kann kurz ihr Anliegen nennen. Im Uhrzeigersinn kommen alle zu Wort – auch die Schweigsameren und Schüchternen.

Was mir auffällt, ist der herzliche Dank, den die Haushälterinnen dem Erzbischof gegenüber ausdrücken, der ihnen dieses schöne Zuhause geschenkt und eingerichtet hat.

Wiederholte Male höre ich aus der Runde aber auch die Anfrage:

»Vater Bischof, was können wir hier im ›Nebenhaus‹ tun? Haben Sie keine konkreten Aufgaben für uns 25 Frauen?

Wir sind es doch gewohnt, täglich hart zu arbeiten – sei es im Garten, sei es, Ordnung im

Pastorat und der Kirche zu schaffen. Wir haben Frauen in den Gemeinden gesammelt und standen oft als Seelsorgerinnen bereit. Und was nun, Vater Bischof?«

Das sind echte Fragen, auf die eine gute Antwort fällig ist.

Als ich mich vorstelle, schauen mich alle erwartungsvoll an. Vielleicht denkt die eine oder andere gar: »Was kann ein Protestant, ein evangelischer Pastor, uns sagen?«

Mein Blick geht in die Runde. In der Mitte brennt eine dicke Kerze. Ich schaue die Frauen kurz an und sage:

»Zuerst wollen wir uns vergegenwärtigen: Jesus, unser Herr, ist jetzt in unserer Mitte. Ihr spürt die Kraft, die von ihm ausgeht – seine göttliche Liebe. Und er will uns jetzt wohltun. Kommt, wir erheben uns und verneigen uns vor dem Gegenwärtigen.«

Kaum ausgesprochen, stehen die 25 Haushälterinnen im Kreis und neigen ihre Häupter zur Mitte hin. Im Stillen danke ich unserem Herrn Jesus: »Herr, du mein Gott, du bist schön! Du bist gut! Du bist mit uns!«

Fast alle 25 Frauen beten mit ihren Worten

frei formulierte Gebete, andere sagen Liedverse. Kaum eine »Bitte« ist zu hören, aber viel Lob und Dank. Wir stehen anbetend vor dem Herrn Jesus Christus. Seine Präsenz, sein Gegenwart ist tatsächlich spürbar bei jedem von uns. Der Erzbischof schließt die Gebetsrunde ab.

Ich erzähle von den Missionsbemühungen in den fernen Ländern Russlands und der Ukraine, in Rumänien und unter der meist muslimischen Bevölkerung in Albanien und im Kosovo – und verschweige nicht, wie gefährlich die Einsätze sind. Morddrohungen sind nicht selten. Missionsgebäude werden in Brand gesteckt. Die einheimischen Christen werden niedergeknüppelt und schwer verletzt. Und dann berichte ich den Frauen: Da ist eine gewaltige Hand, die beschützen will. Es ist die Segenshand Gottes, die uns in vielen Fällen vor Schlimmerem bewahrt hat.

Und wir – wir Christen, die nicht auf dem Missionsfeld tätig sind – können uns an den Evangelisationen in diesen Ländern beteiligen, indem wir Gottes Arm und Hand bewegen.

Eine etwa Mittfünfzigerin steht auf. Ihr Gesicht ist gezeichnet von dem Herrlichkeitsglanz Jesu. Mit ruhiger Stimme fragt sie:

»Pastor Rötting, sagen Sie uns, wie wir da konkret mitmachen können, wir katholischen Frauen, die wir hier oben im ›Nebenhaus‹ jetzt zusammen wohnen. Wir 25 sind alle arm wie Kirchenmäuse, aber wir haben viel Zeit – und haben den Herrn Jesus in unserer Mitte. Können Sie uns das sagen?«

Und als ich mich für diese Anfrage bedanke, schließe ich gleich eine Frage an:

»Sie haben sicher schon einen Bienenkorb gesehen, oder?«

Die meisten Frauen nicken mir mit einem »Si!« (italienisch »ja«) zu.

»Und Sie wissen sicher auch: In der Winterzeit lebt in jedem Korb ein Bienenvolk von 12- bis 15 000 Arbeiterinnen. Im Sommer wächst die Zahl gleich auf 50- bis 60 000 an – je nachdem, wie viele Eier die einzige Königin im Bienenkorb legt. Sind die Maden geschlüpft, dann ist es die Aufgabe der Arbeiterinnen, die große Brut zu füttern.

Und nun komme ich auf Ihre Anfrage zurück, was Sie für die Mission tun können.«

Einige Haushälterinnen sitzen nicht mehr gemütlich in ihren Sesseln, sondern sprungbereit auf deren vordersten Rand. Kein Husten ist zu vernehmen, kein Scharren mit den Sohlen.

»Die Tausende von Arbeitsbienen verrichten eine Aufgabe, die absolut erforderlich ist, damit bei Tag und Nacht keine Katastrophe im Bienenkorb eintritt, damit das Leben des Bienenvolkes gesichert wird.«

Ich habe meine beiden Arme eine Minute lang ausgebreitet – und wedele mit den Händen –, ohne einen Ton zu sagen. Die Frauen schauen aufmerksam zu. Einige lachen, weil sie verstehen. Ergänzend füge ich hinzu:

»Die Temperatur im Bienenstock muss stimmen und die Wärme muss gleichmäßig gehalten werden. Immer 20 Grad Celsius plus. Und wie erreichen die Bienen diese Aufgabe? Sie schlagen mit den Flügeln, um Wärme mit ihren Flugmuskeln zu produzieren. Dafür brauchen sie Energie – also Honig. Klar, im Korb befindet sich Honig, den tausende von Bienen besorgen, indem sie draußen von Blüte zu Blüte fliegen, um den süßen Nektar zu finden, aufzusaugen und in den Bienenkorb zu bringen.

Wenn Sie dieses Bienen-Beispiel verstehen, dann verstehen Sie auch Ihre Aufgabe: Sie sind hier im ›Nebenhaus‹ vergleichsweise ein Bienenvölkchen in einem schön eingerichteten Bienenkorb. Sie hören, wie fleißige ›Bienen‹ draußen im Lande, ja darüber hinaus bis ins weite Ausland bei der Arbeit sind, die ›Ernte‹ einzusammeln. Diese ›Bienen‹, also unsere Missionare und Evangelisten, sind mancherlei Gefahren ausgesetzt. Aber da sind die ›Bienen im Bienenkorb‹. Sie füttern die Brut. Sie halten die 20 Grad Celsius Temperatur aufrecht, damit ein junges Volk heranwachsen kann. Ein Volk, das in kommenden Zeiten weiterhin die Arbeit tut und die ›Ernte‹ einbringt. Und wir wissen vom Herrn Jesus: ›Die Ernte in der Welt ist enorm groß – aber es fehlt an Mitarbeitern.‹«

Ich bitte die 25 Haushälterinnen, es mir nachzutun. Wir strecken unsere Arme von uns und wedeln mit den Händen: Wärme für den Nachwuchs.

»Seht, das ist Ihre Aufgabe: Wedeln Sie! Halten Sie die Wärme im ›Korb‹! Aber beten Sie auch für die Ortsgemeinden, die Theologischen Seminare! Halten Sie mit Ihren Gebeten – einzeln und gemeinsam – das Leben auf dem großen Arbeitsfeld der Evangelisationen und Missionen auf der richtigen Temperatur!«

Erzbischof Alexander Gottardi bestätigt meine Worte mit einem lauten Amen. Was dann passiert, ist für mich ein Geschenk. Erst kniet Alexander Gottardi nieder. Und ehe ich mich versehe, knien alle 25 Haushälterinnen nieder. Ich auch. Die dicke Kerze im Kreis flackert nicht mehr unruhig. Sie spendet ihr Licht – ein Hinweis auf den gegenwärtigen Herrn Jesus, der uns Christen zugesagt hat. »Alles, was auch immer ihr im Gebet erbittet, so glaubt, dass ihr es empfangt: Es wird euch zuteil werden.« (Evangelium nach Markus, Kapitel 11, Vers 24)

Dann segnet Erzbischof Gottardi die dienstbereite Frauenschar und gibt mir zum Schluss erneut die Gelegenheit, ein Wort zu sagen:

»Sage uns aus der Fülle des Heiligen Geistes ein Wort, das wir nicht so schnell vergessen werden.«

Bedachtsam spreche ich in die Runde hinein:

»Alles, was wir Christen aus Dank und Liebe zu Gott für andere glaubend erbitten – sei es gemeinsam oder als Einzelne –, das begleitet uns auf dem Weg zum Himmel.«

Als Alexander Gottardi und ich vor dem »Nebenhaus« stehen, umarmt mich der Erzbischof: »Gefällt dir die Schar der Haushälterinnen – und das Haus? Vor einer Stunde wusste ich noch keinen guten Namen für das ›Nebenhaus‹. Jetzt habe ich einen Namensvorschlag und ich bin gespannt, ob du damit einverstanden bist!«

Er schaut mich freudestrahlend an, streckt mir dann seine beiden Hände entgegen. »Hast du es erraten?«

Nein, ich bin ahnungslos. Der Erzbischof breitet seine beiden Arme aus und wedelt mit den Händen. »Es soll ›Bienenkorb‹ heißen. Einverstanden?« Ich nicke still und freue mich darüber: In Trient beten nun täglich 25 katholische Frauen für unsere Missionsdienste in der Ukraine und Rumänien, in Albanien und im Kosovo – und in vielen anderen Teilen der Welt. Das lohnt der himmlische Vater allen, die mitmachen – zum Wohle der Missionare und Evangelisten und zur Freude Gottes. Und der himmlische Vater freut sich nie umsonst. Er wartet auf unsere Worte, unsere Gebete.

Zum Autor

Die **Studenten** in Albanien, im Kosovo und sonst wo sagen »Professor« zu mir.

Einverstanden.

In den **ukrainischen Gemeinden** sprechen die Gläubigen mich als »Pastor« an.

Nun – der bin ich ja auch.

In rumänischen und deutschen Brüder- und Gemeinschaftskreisen bin ich schlicht und einfach ihr »Bruder Gerhard«.

Das passt zu mir.

Meine Eltern nannten mich »onze Geerart«, unser Gerhard. Diese niederländisch-sprachige Liebkosung klingt immer noch in meinen Ohren.

Unvergesslich!

Für den **himmlischen Vater** bin ich der nach Hause gekommene »verlorene Sohn«. Er sagt es so: »Dieser mein **Sohn** war tot und ist wieder lebendig geworden; er war verloren und ist wiedergefunden worden!«

Gut, nicht wahr?

Das höre ich am liebsten und freue mich täglich darüber.

Von Gerhard Jan Rötting sind bei mediaKern erschienen:

Erzählbände (jeweils 112 Seiten)

Als Schmuggler Gottes unterwegs
Bestell-Nr. 512 2000

Als um Mitternacht eine fremde Gestalt erschien
Bestell-Nr. 512 2001

Als ein Schatz in der Hirtenhütte entdeckt wurde
Bestell-Nr. 512 2002

Als ein Engel das todkranke Mädchen besuchte
Bestell-Nr. 512 2004

Als drei Straßenkinder unter der Brücke gefunden wurden
Bestell-Nr. 512 2005

Als die Königin die Gefängnistür öffnen ließ
Bestell-Nr. 512 2006

Als zur ersten Weihnacht ein neuer Ofen die Hütte wärmte
Bestell-Nr. 512 2007

Bildbände (jeweils 48 Seiten)

Dich erfüllt ein bleibender Segen
Bestell-Nr. 512 3500

Dich behütet ein wachsamer Engel
Bestell-Nr. 512 3504